AUGUSTIN FILON

De Dumas
à Rostand

Esquisse

du mouvement dramatique contemporain

Paris, 5, rue de Mézières
Armand Colin & Cⁱᵉ, Éditeurs
Libraires de la Société des Gens de Lettres

5872

8° Y F
1030

DE DUMAS A ROSTAND

OUVRAGES DE M. AUGUSTIN FILON

HISTOIRE, BIOGRAPHIE ET CRITIQUE

Histoire de la littérature anglaise, 2ᵉ édition, Hachette.
Nos grands-pères, 2ᵉ édition, Hachette.
Mérimée et ses amis, Hachette.
Profils anglais (Lord R. Churchill, Chamberlain, John Morley, Parnell), 2ᵉ édition, Calmann Lévy.
Le théâtre anglais, *Hier, aujourd'hui, demain*, 2ᵉ édit., Calmann Lévy.
De Dumas à Rostand, esquisse du mouvement dramatique contemporain, Armand Colin et Cⁱᵉ.
Prosper Mérimée (dans la *Collection des Gr. Écrivains français*), Hachette.

ROMANS ET NOUVELLES

L'Élève de Garrick (1780), dans la bibl. *de Romans historiques*, Armand Colin et Cⁱᵉ.
Renégat (1586-1593), *Même collection*, Armand Colin et Cⁱᵉ.
Violette Mérian, 2ᵉ édition, Hachette.
Babel, 3ᵉ édition, Calmann Lévy.
Le chemin qui monte, Hachette.
Amours anglais, *Nouvelles*, Hachette.
Les Contes du Centenaire, Hachette.

Droits de traduction et de reproduction réservés pour tous les pays,
y compris la Hollande, la Suède et la Norvège.

Coulommiers. — Imp. PAUL BRODARD. — 633-98.

AUGUSTIN FILON

DE DUMAS A ROSTAND

ESQUISSE
DU MOUVEMENT DRAMATIQUE CONTEMPORAIN

Paris, 5, rue de Mézières
Armand Colin et Cie, Éditeurs
Libraires de la Société des Gens de lettres
1898
Tous droits réservés.

PRÉFACE

Je n'ai pas grande foi dans les préfaces. On prétend qu'elles sont fort utiles aux critiques parce qu'elles les dispensent de lire le volume. Ce serait la condamnation des préfaces si elles aidaient les gens à ne pas faire leur métier. Quand je me place au point de vue du véritable public, du lecteur qui lit, je trouve comique qu'un écrivain qui n'a pas su rendre sa pensée suffisamment claire en trois cents pages numérotées en chiffres arabes, croie l'illuminer au moyen d'une douzaine de pages numérotées en chiffres romains.

Cette fois, pourtant, quelques mots d'introduction me sont absolument nécessaires non pour annoncer ce qu'on trouvera dans le volume, mais pour m'excuser de l'avoir écrit. Car je ne me dissimule pas que je suis, dans le domaine de la critique dramatique, un étranger, un passant, un intrus, que j'ai chassé sans port d'armes et que je m'expose à être houspillé par les autorités du lieu.

Voici comment la chose est arrivée.

Il y a trois ans, lorsque j'ai publié dans la *Revue des Deux Mondes* mes études sur le Théâtre anglais, le directeur de la *Fortnightly Review* qui est, en même temps, le très fin et très distingué critique du *Daily Telegraph*, M. W. L. Courtney me proposa d'écrire un livre qui serait le pendant et la contre-partie du premier en offrant aux lecteurs anglais un tableau de notre théâtre actuel, du mouvement dramatique contemporain, des hommes qui le dirigent, des tendances qui l'inspirent et des principales œuvres qu'il a déjà produites.

Je me récriai et me récusai d'abord. J'expliquai à M. Courtney qu'après avoir été dans ma première jeunesse un amateur passionné de théâtre, un vrai pilier de spectacles, je m'étais trouvé, par suite d'une certaine révolution survenue en France, brusquement séparé de ce monde que j'aimais et que les circonstances ne m'avaient jamais permis d'y rentrer. « Savez-vous bien, lui dis-je, que je n'ai pas mis le pied à la Comédie-Française depuis un quart de siècle? Il n'y a peut-être pas un homme cultivé non seulement en France mais en Europe qui eût à faire un pareil aveu. N'y aurait-il pas à la fois de l'imprudence et de l'impudence à vouloir enseigner aux gens ce qu'ils savent mieux que moi? »

Mais M. Courtney joint aux rares qualités qui lui sont propres l'entêtement traditionnel de sa race. Il me répondit que, précisément, à cause de ma longue abstention, j'aurais une impression plus personnelle et plus vive en présence de l'art nouveau, tout de même qu'on mesure mieux la croissance d'un enfant ou le dépérissement d'un malade lorsqu'on le revoit après une absence prolongée. Tous ces changements graduels qui échappent à l'entourage ordinaire, au témoin de tous les jours, me sauteraient aux yeux. J'éprouverais un étonnement et cet étonnement serait instructif. Je sentirais un choc et ce choc stimulerait mes facultés critiques. Je serais le Rip Van Winkle, l'Épiménide du monde dramatique. Le théâtre d'il y a vingt-cinq ans et le théâtre d'aujourd'hui m'apparaîtraient nettement séparés et violemment contrastés. Si j'avais besoin de connaître les phénomènes intermédiaires qui expliquent et racontent l'évolution, rien ne m'empêchait de me documenter à cet égard et de traiter cette époque toute récente d'après la méthode historique qui, après tout, est la bonne. Ce serait piquant d'étudier, par exemple, la Comédie rosse ou le Théâtre-Libre comme j'aurais étudié les Mystères ou les Soties, ou notre ancien théâtre de la foire.

Je me laissai persuader par M. Courtney. Je crois bien que j'étais persuadé avant même qu'il eût ouvert la bouche, parce que la tâche qu'il m'offrait m'amusait énormément. Je suis donc retourné dans les théâtres parisiens et j'ai fait ma provision de documents. C'est le moment, je crois, d'adresser mes remerciements à MM. Calmann, Ollendorff, Lemerre, Fasquelle et Stock, les éditeurs bien connus. Non seulement ils se sont fait un plaisir de m'envoyer les pièces que je leur demandais; mais, en certains cas, ils ont prévenu mes désirs et guidé mes choix. J'ai abusé de leur complaisance sans la fatiguer.

Mes articles ont paru dans la *Fortnightly Review* de juin 1897 à juillet 1898; ils viennent d'être édités en volume par MM. Chapman et Hall pour le public anglais et américain. N'aurais-je pas dû m'en tenir là? Avais-je le droit de les offrir au public français?

Au bon vieux temps des solennelles et décentes fictions littéraires, lorsque l'auteur et le lecteur se regardaient sans rire avec une mutuelle considération, on aurait fait avancer, en pareil cas, la phrase sacramentelle : « Mes amis ont pensé... » ou « J'ai cédé au désir qui m'a été exprimé par quelques personnes... » Mais ce truc a été débiné par J.-J. Weiss dans un de ses derniers ouvrages et je n'essaierai pas de le rajeunir. Non, personne ne m'a rien demandé. Mes amis — je n'en ai pas trop! — sont occupés à bien autre chose qu'à savoir ce que je pense de Donnay ou d'Hervieu, de Richepin ou de Rostand. Si j'ai « cédé » à quelque chose, c'est à la manie de voir quel air aurait ma pensée en caractères typographiques français. Nous sommes tous comme ça. Il y avait sur ma table un manuscrit de trois cents pages. La tentation de le porter chez un éditeur était trop forte : j'ai succombé. Que celui de mes confrères qui est sans péché, me jette la première pierre!

Vous verrez que je ne recevrai pas un seul caillou.

Maintenant puisque voilà le livre imprimé, pourquoi ne servirait-il pas aux étrangers qui connaissent notre langue et s'intéressent à notre littérature vivante? Pourquoi ne serait-il pas utile aux Parisiens de la province et aux provinciaux de Paris? Ces catégories de lecteurs, si différentes, se trouvent, à l'égard de notre théâtre, à peu près dans le même cas que les Anglais. De loin en loin, de çà et de là, ils ont vu jouer au cours d'un voyage ou lu pendant les vacances quelques-unes des pièces dont je parle.

Ils ont dans l'esprit quelques noms d'écrivains, quelques titres d'ouvrages, avec quelques notions incohérentes ou quelques impressions à demi effacées. Mais ils ne savent à quel clou les accrocher. Ce mouvement, en quel sens va-t-il et d'où vient-il? Est-ce un commencement ou une décadence? une révolution ou une restauration? Parmi toutes ces pièces qui passent et qui se vantent d'être des succès le premier soir, combien survivront et combien méritent de durer? Voilà ce qu'on ne leur dit pas et ce que j'ai essayé de leur dire, en choisissant une heure décisive et intéressante, celle où l'idéalisme renaît au théâtre, où l'imagination reprend ses droits et la poésie sa royauté, où semble poindre un nouveau romantisme plus gai, plus clair et, pour tout dire, plus français que le premier.

Évidemment je n'ai rien à apprendre à cette élite intelligente qui dévore, ou savoure, les chroniques de Sarcey, de Jules Lemaître, de Faguet, de Catulle Mendès, d'Henry Fouquier, de Paul Perret, de Félix Duquesnel et des autres maîtres de la critique théâtrale. Pourtant j'oserai presque leur conseiller de me lire. Si ceux-là étaient trop loin, ceux-ci sont trop près pour bien voir. Ils suivent la campagne dramatique de semaine en semaine, comme les spéculateurs suivent les opérations de bourse, d'une liquidation à l'autre. Pas un détail ne leur échappe, mais je ne suis pas sûr qu'ils aient la sensation d'un tableau d'ensemble et d'une littérature en marche. Peut-être la trouveront-ils dans les pages qui suivent.

Si je ne leur suis même pas bon à cela, je leur fais connaître en tout cas, très franchement, l'effet produit par leur théâtre sur un homme qui passe et qui a regardé sans parti pris, sur un homme dont toute la théorie critique tient dans les mots de l'Intimé à Petit-Jean : « Dis donc ce que tu vois ! » Imaginez que ce livre est l'œuvre d'un Anglais qui se trouverait savoir, par aventure, assez de français pour se faire comprendre de vous.

Je finis comme les pièces espagnoles en vous priant d'excuser les fautes de l'auteur. N'étant pas du métier et me mêlant de ce qui, proprement, ne me regarde pas, j'ai dû commettre une infinité de petites erreurs. Ne vous attardez pas, bons critiques, à ces petites erreurs, car cela ferait croire aux méchants — Dieu sait s'il y en a ! — que vous ne savez pas découvrir les grosses. Pour moi, je ne suis pas trop mécontent de mon livre parce que j'y ai dit presque complètement la vérité — je veux dire *ma* vérité, — et c'est un plaisir que, pour mille tristes raisons, les pauvres auteurs ne peuvent pas toujours se donner. En somme c'est un assez honnête homme de livre. Je l'ai voulu sincère, point flagorneur, mais point insolent. Mon dernier avis en lui donnant la volée, c'est : « Tâche de ne blesser personne et garde-toi de plaire à tout le monde ! »

A. F.

Nordenau, 20 juillet.

DE DUMAS A ROSTAND

I

L'âge de Dumas et d'Augier.

Tout d'abord, où commence et où finit l'âge de Dumas et d'Augier? Il me semble facile de répondre. La période de notre histoire dramatique qui est dominée par ces deux noms, se trouve nettement délimitée par ce qui la précède et ce qui la suit. Elle se place entre deux avortements. De 1825 à 1845, le Romantisme donne à la France une poésie et essaie en vain de lui donner un théâtre. De 1875 à 1895, le Naturalisme, ayant créé une forme nouvelle du roman, veut s'implanter sur la scène : il échoue comme avait fait le Romantisme. Les quarante années qui séparent ces deux tentatives manquées appartiennent à Augier, à Dumas, à leurs précurseurs, à leurs contemporains, à leurs disciples, à tous ceux qui les préparent, les imitent ou les continuent.

Au début, Dumas est absent; Augier apparaît, tout jeune homme, au second ou au troisième plan, dans les rangs de l'école « du bon sens » qui est, avant tout, une protestation contre le Romantisme. Protestation un peu étroite et aveugle, qui confond, chez Hugo, le grand lyrique avec le dramaturge incomplet. On ne se souvient même pas que le Romantisme qui parle *urbi et orbi* par la préface de *Cromwell* a été précédé d'un autre Romantisme qui a eu pour manifeste la brochure de Stendhal, *Racine et Shakespeare*. On semble ignorer qu'avant d'être chrétien et gothique, il s'était proposé de revenir à la vérité historique et locale, surtout à l'analyse psychologique. On n'aspire qu'à continuer Arnaud, Picard, Andrieux, les Duval, Soumet, Casimir Delavigne, et toute la bande classique, ou demi-classique de la Restauration. Ce n'est donc pas une révolution littéraire, mais une réaction, un retour en arrière. Comme les émigrés en 1815, on n'a rien appris et rien oublié. Hugo est un autre Buonaparte : on en sort comme d'un cauchemar et on se flatte d'avoir bientôt effacé la dernière trace du passage de l'usurpateur.

Cela commençait mal. Augier était de cette croisade de la médiocrité contre le génie. Il partageait les passions passablement mesquines de ses compagnons. Comme je viens de le dire, il n'était pas le premier parmi eux; quinze ans après, on se demandait encore si François Ponsard, l'auteur de *Lucrèce* et du *Lion amoureux*, n'était pas un plus grand homme que lui. Toutes les erreurs où tomba l'école du bon sens, Augier les a pratiquées. Il écrit dans une langue artificiellement vieillie qu'il emprunte aux anciens comiques, et cet archaïsme des mots est en désaccord avec l'excessive modernité du sentiment. Car, à aucune époque de sa vie, Augier n'a eu le sens de l'histoire. Il n'y a pas plus d'hellénisme dans sa *Ciguë* qu'il n'y a de latinité dans son *Joueur de flûte*. On sent qu'il n'a eu d'autre raison pour les écrire que le désir de protester, comme Ponsard, contre les tendances tudesques et médiévales de l'école adverse, d'opposer à une cathédrale gothique un temple grec, comme marque de fabrique. *Diane*, qui se passe sous Richelieu, n'est datée que par les allusions politiques et les costumes. Sans la poudre, nous oublierions que l'action de *Philiberte* est placée au xviiie siècle. Il ne peut même pas remonter de quinze ans en arrière vers un passé qu'il a connu. Comparez *les Effrontés* et *le Fils de Giboyer*, et vous verrez qu'il ne perçoit aucune différence entre 1845 et 1858, entre les temps auxquels a assisté sa jeunesse, et la société au milieu de laquelle s'écoule son âge mûr.

Croire qu'on est du « grand siècle » parce qu'on sème son dialogue d'expressions, telles que *vous vous moquez, j'enrage, la peste soit du fat!*, et autres locutions prises à Molière, à Regnard, à Dancourt, est une des formes les plus innocentes du snobisme littéraire. Manquer du sens rétroactif est un défaut dont on peut se consoler, à condition de laisser le passé tranquille et de chercher ses sujets autour de soi. Une erreur plus grave consistait à répandre sur l'âme et la vie des bourgeois une poésie qu'elles ne comportent pas. Augier fut infecté de cette manie comme tous ses amis et la poussa plus loin qu'eux. C'était une condition que la France centre-gauche et juste-milieu imposait aux auteurs de l'École du Bon Sens pour les reconnaître comme ses interprètes. La vanité sociale prend, comme vous savez, tous les déguisements. En ce temps-là, un commerçant enrichi aimait à se faire peindre, impérieux et pensif, avec une main dans le gilet et l'autre derrière le dos, dans l'attitude légendaire de Napoléon. De même, cela flattait Dupont et Durand de parler en vers comme Agamemnon, Mithridate ou Orosmane. Le vers aux bourgeois : c'était une conquête de 89 et, comme toutes les autres, la classe moyenne entendait le confisquer et le garder. De 1845 à 1860, on lui donna des vers tant qu'elle voulut.

Augier était-il un poète? Certainement non. Mais on peut dire que, dans le coin le plus retiré et le plus élevé de son être, quelque chose chantait. On a de lui quelques couplets, moitié tendres, moitié tristes, que je n'entends jamais sans un léger frisson de plaisir. A certaines heures, sa gaîté gauloise se teintait aux couleurs changeantes du caprice et de la fantaisie de Musset. C'est dans une de ces heures-là qu'il composa *l'Aventurière*. Jouée devant les banquettes, pendant les jours les plus troublés de 1848, cette charmante comédie, retouchée par l'auteur, a surnagé. Elle est devenue en quelque sorte classique et mérite de l'être. Vous y reconnaîtrez encore les bourgeois et les bohèmes de l'époque, mais ils sont galamment déguisés, et ce qu'ils disent méritait vraiment d'être dit en vers.

Je ne puis, en conscience, appliquer le même éloge à *Gabrielle* et à *la Jeunesse* qui furent, pourtant, de grands succès, et qu'on révère encore par tradition. Pièces caduques, dans le fond et dans la forme. Il y a une douzaine de vers de poète dans *la Ciguë*, autant dans *Philiberte*; une centaine, peut-être davantage, dans *l'Aventurière*. Les vers de *la Jeunesse* sont plus prosaïques que la prose. Assurément, on peut descendre plus bas, puisqu'il y eut *le Fruit défendu* et *la Considération*, mais c'est déjà une mauvaise note pour Augier que d'avoir presque justifié Camille Doucet d'exister. Quoi qu'il en soit, on avait voulu poétiser la bourgeoisie : on ne fit qu'embourgeoiser la poésie, et elle en mourut. Il fallut renoncer à mettre des vers sur les lèvres de Dupont et de Durand.

Mais, pendant que le mouvement se fourvoyait sur ce terrain, il réussissait ailleurs et se développait au delà de toute espérance. J'ai dit tout à l'heure que c'était une lutte de la médiocrité contre le génie : c'est la médiocrité qui l'emporta. Il ne faut ni s'étonner, ni s'affliger de cette victoire. Car le génie avait tort et ce sont les médiocres qui se tenaient le plus près de nos traditions, qui comprenaient le mieux l'avenir et les tendances de la pensée française. La France est réaliste; elle l'était avant de naître, par prédestination atavique, puisqu'elle est fille du génie latin. Elle est réaliste dans ses fabliaux et ses romans, au moyen âge. Elle l'est, de siècle en siècle, avec Rabelais, Molière, Diderot, Balzac. Réaliste même en religion et en poésie, elle porte son réalisme jusque dans la région de l'idéal, parce que le réalisme est, pour elle, une manière d'être encore plus qu'une manière de penser. On l'en détourne : elle y revient. Après 1850, il y eut un vigoureux et universel effort de l'esprit français, pour embrasser la vérité vivante en toutes choses, pour se délivrer des symboles et des abstractions. Bien des circonstances favorisaient cet effort. D'abord la banqueroute du parti adverse, puis le grand silence qui se fit dans la politique. « L'Empire, c'est la paix! »

avait dit Napoléon III dans un discours célèbre, et le mot fut vrai, au moins pour la littérature. Je répète, et je répéterai jusqu'à ce qu'on me croie, que nul souverain n'a eu un respect plus sincère du talent et de la pensée. Augier en sut quelque chose. Lorsqu'un ministre inintelligent voulut arrêter *le Fils de Giboyer*, l'empereur, auquel l'écrivain en appela, cassa la décision des censeurs, et Giboyer eut la parole. C'est ainsi que Louis XIV avait protégé l'auteur de *Tartufe*. Augier rappela le fait dans sa préface, et la comparaison, à elle seule, parut un remercîment. Je ne m'en sens qu'à demi flatté pour Napoléon III.

Ce furent vraiment de belles années. Quand on les calomnie, quand on reproche aux hommes de ce temps leur soif de jouir, on oublie d'ajouter que la soif de savoir n'était pas moins ardente. Au fond, elles naissent toutes deux d'un même état qui affecte différemment les âmes supérieures et les âmes grossières. Que d'efforts! Que de conquêtes! Que de choses cherchées et trouvées! Renan rendait à l'histoire d'immenses provinces que la théologie lui avait enlevées; Sainte-Beuve frayait la route à Taine qui allait systématiser la Critique, en faire la clef de voûte des connaissances, la science des sciences. Pasteur installait ses appareils dans cet humble laboratoire de la rue d'Ulm où devaient s'ébaucher tant de découvertes. Il y avait un enthousiasme, une confiance sans limites. Il semblait que la science pourrait tout, expliquerait tout; qu'elle répondrait à tous les besoins, satisferait à toutes les curiosités, réaliserait tous les rêves de l'humanité. La poésie abdiquait, se sentant deux fois suspecte, et pour avoir rampé trop bas avec les classiques, et pour s'être perdue trop haut avec les romantiques. Elle se réfugiait dans les cénacles où elle servait de consolation aux mécontents, de jeu savant à ces virtuoses sans public qu'on devait nommer les parnassiens. Le roman, en revanche, touchant aux plus hautes questions, envahissait tous les genres. Au lieu de vers, c'était un roman en huit volumes que Victor Hugo envoyait du fond de l'exil. Chaque année, la *Revue des Deux Mondes* donnait à ses lecteurs une œuvre nouvelle de George Sand. Pendant que des *humourists* de second ordre, Mürger et Champfleury, dessinaient des coins de province ou les mœurs du quartier latin, un fruit-sec de l'érudition, Gustave Flaubert, composait laborieusement les pages de *Madame Bovary*.

Le réalisme régnait aussi au théâtre, mais dans la mesure où il peut y régner, c'est-à-dire à condition de laisser au drame son double caractère d'œuvre d'art et de leçon morale : deux caractères qui se confondent, puisque l'art consiste à préparer la leçon, à la rendre plus frappante, plus claire et plus belle. Alexandre Dumas fils avait pris sa place avec éclat, depuis 1852, auprès d'Augier. Vers la fin de la première décade de l'Empire, Victorien Sardou, dans *Monsieur Garat*, dans *les Prés Saint-Gervais* et dans *les Pattes de mouche*, révélait ses prestigieux talents pour la manipulation d'une intrigue dramatique. Théodore Barrière, dans *les Filles de marbre* et dans *les Faux bonshommes*, même dans *les Jocrisses de l'amour*, portait des coups si rudes au vice et à la bêtise qu'il faisait pressentir un Molière irrité. Henri Meilhac, Parisien avant d'être Français, esquissait d'une main admirablement légère, les mœurs du fumoir et de l'atelier, ces curieuses manières de vivre, de dire et de sentir qui ne durent qu'un jour. Labiche, talent lourd et robuste, élevait sans y songer la farce à la hauteur de la comédie, en peignant les bourgeois avec autant de vérité et de bonhomie que de force comique. Octave Feuillet transportait sur la scène, avec les héros et les héroïnes de ses romans, ce chimérique et chevaleresque raffinement moral, cette mélancolie élégante et nerveuse qui étaient sa nature même, et dont les sociétés les plus éprises de réalité sont avides dans ces moments de réaction qui sont comme les crises de larmes dans la vie d'une femme heureuse. Pendant deux cents soirées, un public de boursiers, de journalistes, de *cocodettes* et même de *cocottes* pleura sur les infortunes du *Jeune homme pauvre*.

Mais je laisse Octave Feuillet au roman, Labiche au vaudeville, Meilhac à ces brillantes fantaisies ou à ces parodies dont il s'est fait un domaine à part. Le pauvre Barrière est tombé en route, à mi-chemin de la gloire. Quant à Victorien Sardou, je reconnais qu'il a su son métier mieux que tout autre, et s'il s'agissait d'analyser, dans ses procédés, dans ses finesses, cet art du théâtre dont Scribe a été le grand maître, c'est à Victorien Sardou que reviendrait la première place. Mais mon point de vue est différent. Le théâtre ne m'intéresse que dans ses rapports avec l'histoire des idées et des sentiments. M. Victorien Sardou ne m'apprend rien et n'apprendra pas grand'chose à nos descendants sur ce qu'ont senti et pensé les hommes et les femmes de ce temps. Il n'est point un homme représentatif. Dans Sardou, je ne trouve que Scribe. Dans Augier et Dumas, outre Augier et Dumas, je trouve toute une époque, une société, un état d'âme de la France qui a duré quarante ans.

J'étais au collège lorsque je vis pour la première fois, en 1860, Augier et Dumas. L'œil vif, le teint mat, le front déjà dégarni mais la barbe belle et drue, Augier donnait l'impression de la solidité et de la force. Le trait dominant de son visage était ce gros nez recourbé que les Romains regardaient comme le signe de la raillerie. Ce qui me frappa dans Alexandre Dumas fils, ce fut de le trouver à la fois si différent de son père et, pourtant, si semblable. Comment ce nègre à demi blanchi, aux bajoues bouffies et débordantes avait-il donné l'être à ce beau gentleman en qui tout trahissait l'homme aimé des femmes? Pourtant c'étaient bien les mêmes traits, affinés, raffermis, idéalisés. Il pénétrait celui qu'on lui présentait d'un regard brusque, presque dur : après quoi sa physionomie s'ouvrait ou se refermait, suivant que l'étranger lui avait plu ou non. Car il était un homme de jugement instinctif et soudain, tout en élans et en répugnances, et ses pièces, comme ses préfaces, portent la trace de cette vive sensibilité. Quand je le rencontrai de nouveau dans les montagnes d'Auvergne, une quinzaine d'années plus tard, ses cheveux bouclés avaient grisonné, son teint s'était brouillé et échauffé de bile, son œil bleu exprimait tantôt un dédain farouche, tantôt une pitié calme. Ce n'était plus l'auteur du *Demi-monde*, mais celui de la *Femme de Claude*. Quant à Augier, je ne l'ai jamais revu, si ce n'est certaine nuit d'hiver, où je me trouvai au pied de son buste sur la place de l'Odéon. Un rayon de lune se brisait à l'angle de son front et sa bouche souriait comme s'il venait de trouver le mot qui termine *le Gendre de M. Poirier*.

Ces deux hommes ont été fort inégaux en dons naturels et fort différents dans leur tempérament littéraire. Cependant leur œuvre s'harmonise, surtout quand elle est vue à distance, et je crois percevoir entre eux encore plus de relations que de dissemblances. Chacun joue sa partie, avec l'instrument qui lui est propre, dans le même concert.

Comme hommes de théâtre, ils n'ont pas innové. Ils ont accepté, sans la discuter ni la modifier, la forme et les principes d'architecture dramatique adoptés par Scribe. C'était, quand on y songe, un curieux mélange, un pot-pourri de tous les genres connus. Les vieux critiques distinguaient la comédie de caractères, la comédie de mœurs et la comédie d'intrigue. Soit *l'Avare, les Fâcheux* et *les Fourberies de Scapin*. Vous trouverez cette distinction constamment mise en usage par Désiré Nisard, dans son *Histoire de la littérature française* qui était encore la loi et les prophètes en 1860. Scribe avait amalgamé ces trois comédies avec le drame bourgeois inventé par Diderot et réalisé par Sedaine. Un premier acte, servant d'exposition, avec une dernière scène où se nouait l'action. Ensuite elle oscillait du bien au mal pendant trois actes comme une partie d'échecs où les chances sont balancées. Le quatrième acte — généralement « l'acte du bal » — peuplait la scène de comparses et se couronnait par un esclandre, avec un duel ou quelque événement de ce genre en expectative. Le cinquième acte arrangeait tout et se terminait par une distribution de peines et de récompenses. Le premier acte était invariablement gai. Pendant les suivants, on passait de la comédie au drame par des nuances insensibles, et la note finale était celle de la sérénité attendrie ou malicieuse, un sentiment de l'avoir « échappé belle », quelque chose comme le fameux verdict d'acquittement rendu, dit-on, par un jury anglais : « l'accusé n'est pas coupable, mais sacrebleu! qu'il ne recommence pas! » La psychologie et la satire sociale devaient recouvrir cette charpente, habiller de chair les muscles et le squelette de la pièce, ne faire qu'un avec elle. Apercevait-on la comédie de mœurs comme distincte de l'intrigue dramatique, la pièce était manquée. Les deux éléments étaient-ils parfaitement fondus ensemble, la pièce était bonne. On n'avait pas d'autre critérium.

On n'aurait qu'une idée incomplète de cet art, légèrement puéril dans sa complication si je n'ajoutais que chaque acte devait contenir au moins une grande scène, laquelle devait être composée suivant certaines recettes immuables.

De même que la pièce était le développement d'un caractère, ou de plusieurs caractères en lutte, la scène était le développement d'une situation. Elle avait, comme la pièce elle-même, sa progression, sa péripétie et sa conclusion : en sorte qu'elle formait un tout à part dans le grand tout, une œuvre d'art enfermée dans une autre œuvre d'art, absolument comme ces boules d'ivoire concentriques que les sculpteurs chinois découpent et amenuisent, fines comme une dentelle, à l'intérieur les unes des autres.

Et ce n'est pas tout encore, car il y a l'intrigue parallèle que Scribe avait empruntée au drame romantique ou, si vous voulez, au drame shakespearien, mais qu'il avait adaptée à ses fins. Cette seconde intrigue, triste si la première était gaie, gaie si la première était triste, réfutation ou parodie, antithèse ou reflet, la rappelait en la transposant dans un autre ton ou, au contraire, s'opposait franchement à elle. Parfaitement distinctes au début, ces deux intrigues parallèles finissaient par converger et devaient coopérer au dénouement. Si elles y manquaient, la critique tenait l'auteur pour un apprenti qui ne savait pas son métier, et le renvoyait à l'étude des modèles.

Augier et Dumas ne trouvèrent rien à objecter à cet arrangement. Cette forme leur était aussi bonne qu'une autre pour y couler leur pensée. D'ailleurs, ils voyaient clairement une chose qui échappe à nos jeunes auteurs : c'est que l'intrigue est nécessaire non seulement à l'amusement du spectateur, mais au développement psychologique lui-même. Les caractères ne s'étudient pas comme des insectes sous le microscope. Ils s'ignorent eux-mêmes et on pourrait dire qu'ils n'existent qu'en virtualité, en puissance, jusqu'au moment où ils entrent en contact et en lutte avec les événements ou avec les autres caractères. La Révolution française a été le drame de bien des milliers d'existences qui, sans elle, auraient passé dans la nullité et l'oubli. Sans la Révolution, Collot d'Herbois restait cabotin, Marat vétérinaire, Legendre boucher, Chabot capucin, Hoche sergent aux gardes; Fouché donnait le fouet aux petits élèves des Oratoriens; Talleyrand disait la messe sans y croire; Robespierre et Carnot, l'un méchant avocat, l'autre obscur capitaine, continuaient à échanger des petits vers dans l'Académie des *Rosati*; Bonaparte, mis en demi-solde pour son mauvais caractère, mourait de la fièvre dans un coin de son île native, laissant la réputation d'un voisin incommode, d'un officier peu discipliné et d'un écrivain passablement ridicule. C'est le drame où ils ont été jetés qui nous les a révélés avec la force qu'il y avait en eux pour le bien et pour le mal. Ainsi du drame imaginaire. Aussi longtemps qu'un être humain n'a été ni aimé, ni trahi, ni jaloux, qu'il n'a jamais été mis dans la situation de perdre ou de sauver d'autres créatures, de se donner ou de se reprendre, de se venger ou de pardonner, on aura beau l'étudier, on ne verra qu'une page blanche.

Augier et Dumas acceptèrent donc, avec ses avantages et ses défauts, la forme dramatique de Scribe. Vues du dehors, leurs pièces ne diffèrent pas sensiblement des siennes. Mais ce qui était l'accessoire chez Scribe devint, pour eux, le principal, le moyen devint le but. Scribe avait peint des caractères et des mœurs pour faire ses pièces; Augier et Dumas firent leurs pièces pour peindre des caractères et des mœurs. Il n'y avait qu'un pas à faire pour arriver à ce que nous appelons la pièce à thèse. Ce pas, Augier ne le franchit jamais et ne s'aventura

pas plus loin que la satire politique et sociale.
Pour qu'il y ait « thèse », il faut qu'il y
ait paradoxe. La défense de l'amour conjugal
n'est pas une thèse; la rédemption de la courtisane en est une. On crut la voir s'affirmer dans
la première pièce de Dumas, dans *la Dame aux
Camélias*, où il n'avait pensé mettre que l'ardeur
de sa jeunesse, avec de la passion et des larmes.
Ce reproche immérité se trouva être un juste
pressentiment qui révélait à Dumas sa vocation.
Ce qu'on l'avait accusé à tort d'être dans *la Dame
aux Camélias*, il le fut, de propos délibéré et avec
enthousiasme, dans *le Demi-monde*, dans *la Question d'argent*, dans *le Père prodigue*, dans *le Fils
naturel*, surtout dans *les Idées de M*^{me} *Aubray* et
dans les pièces qui suivirent.

Ainsi, dans ce moule tout fait, à peine retouché,
Augier et Dumas jetèrent leur esprit et leur philosophie. D'abord leur esprit. Tous deux en
étaient admirablement pourvus. Celui d'Augier
était plus gai, celui de Dumas plus original et plus
suggestif. Le premier cherchait et trouvait le
mot, tandis que le second s'épanchait en tirades.
Toute une école d'acteurs et d'actrices se forma,
habile à lancer le mot et la tirade. Je ne veux pas

dire que nos artistes, en ce temps-là, n'eussent pas d'autre mérite. Beaucoup savaient à fond l'art de composer un personnage et quelques-unes de leurs créations sont restées légendaires. Lorsqu'ils avaient trouvé le caractère auquel les prédisposaient leurs moyens physiques, ils le répétaient de pièce en pièce, l'approfondissaient, l'amenaient à une véritable perfection. Tels Paulin Ménier, au boulevard, dans le Père Martin, dans l'escamoteur, dans le Chopart du *Courrier de Lyon*; Provost, du Théâtre-Français, et Geoffroy, du Palais-Royal, dans des variétés différentes du genre bourgeois, Samson, dans le marquis de la Seiglière et dans tous les rôles analogues, Lafont, du Gymnase, qui incarnait, avec une grâce irrésistible, la vieillesse de Don Juan. A tous ceux-là on ne demandait que de rester ce qu'ils étaient. Et, dans mes souvenirs, je fais une place à part à Lafontaine, l'acteur qui a le plus ému ma jeunesse. Je revois son grand front rayonnant d'intelligence, son œil profond, son sourire fascinant de bonté. Il pouvait être excellent et exécrable dans le même rôle : c'est le seul acteur que j'aie vu changer ses effets et s'abandonner en scène à l'inspiration.

Mais les artistes d'alors étaient, avant tout, de merveilleux diseurs. On allait au Vaudeville pour entendre Fargueil dire dans *le Mariage d'Olympe* : « J'aurai le maximum » avec un accent qui sentait la Grande-Roquette, à donner le frisson. On attendait, dans *les Effrontés*, Provost à son : « Que voulez-vous? j'aime la gloire. », Mme Plessy à son : « Mais bats-moi donc! », Samson à son : « De mon temps, on avait Dieu », comme un peu plus tard on guettait l'*ut* dièze de Tamberlick. Ces mots pleuvaient dans le dialogue et on ne s'en lassait pas. Répétés dans les salons et les journaux, ils faisaient le succès.

Lorsqu'ils avaient donné de l'esprit à presque tous leurs personnages et prêté des « mots » même aux imbéciles, les auteurs étaient loin d'avoir épuisé leurs provisions. L'usage s'introduisit de jeter à travers la pièce un personnage qui n'avait d'autre emploi que d'être spirituel. Il expliquait et jugeait tout, en se moquant, à la manière d'un compère de Revue. Était-ce bien une invention de Dumas et d'Augier? Le personnage en question ne serait-il pas une transformation de l'Ariste des pièces de Molière, qui a mué et qui est devenu léger, sarcastique, blagueur, de doucement pédant qu'il était? Et, si l'on veut remonter plus haut, n'est-ce pas le chœur antique, sorti de son infériorité et de sa modestie?

Dumas use de ce moyen avec encore plus d'intempérance qu'Augier. Le théâtre, à première vue, est le plus impersonnel des arts littéraires; le montreur de marionnettes doit rester invisible. Mais cette réserve, cette abdication de la personnalité est impossible à Dumas et je m'en réjouis, car je ne puis cacher plus longtemps que ce que j'aime le mieux dans son théâtre, c'est lui. Peu m'importe qu'il viole les règles de son art. Je hais les impassibles. J'aime à sentir, dans le roman ou le drame, un cœur qui bat, et surtout ce grand cœur-là! Donc — et c'est un point capital — Dumas s'est versé, s'est répandu à flots, à torrents dans son œuvre. Il est sur la scène dans la personne d'Olivier de Jalin (*Demi-monde*), de Ryons (*l'Ami des femmes*), de Rémonin (*l'Étrangère*) et dans dix autres personnages, observant, dirigeant sa propre pièce et y jouant le rôle du critique, à moins qu'il n'y joue celui de l'amant. Voilà pourquoi il se confond avec son œuvre, tandis qu'Augier demeure distinct de la sienne. Augier n'y a enfermé que sa conception de la vie. Dumas y a prodigué sa vie elle-même.

Le théâtre d'Augier peut se résumer ainsi : guerre à l'argent et défense du mariage. La question sociale, telle qu'elle se posait alors, était très simple. Quel *modus vivendi* établir entre l'aristocratie financière et l'aristocratie de naissance? Que faire des nobles dans notre société moderne? Des soldats, évidemment; des agriculteurs, aussi; on pourra même en faire des gendres, si l'on s'entoure des précautions voulues. Pour qui est, au fond, l'auteur? Je laisse de côté *le Gendre de M. Poirier*, parce qu'il y a du Jules Sandeau là-dedans et que Jules Sandeau était un peu chouan. Même dans les autres pièces, on dirait qu'Augier a voulu donner le beau rôle aux marquis. D'ailleurs, en habile homme qui ménageait toutes les fractions de son public, il a toujours placé un type à côté de son antitype, le bien à côté du mal, Verdelet le bourgeois modeste et strict à côté de Poirier le bourgeois vaniteux, comme il a placé le duc de Montmayran qui va se battre en Afrique sous la capote de l'engagé volontaire en regard du marquis de Presle qui fait la fête avec la dot de sa femme; Sergines, enfin, le journaliste vertueux en opposition avec Vernouillet le journaliste sans scrupules. De telles adresses désarment la critique, mais obscurcissent la leçon. Pourtant il ne faut pas réfléchir très longuement pour voir où veut en venir l'auteur. Bourgeois lui-même, il flagelle la bourgeoisie un peu à la manière de Sancho lorsqu'il se donnait la discipline. Il ne veut pas la mort du pécheur, mais sa conversion. Il croit à l'avenir de la classe moyenne; il n'entend lui retirer — comme ceux qui l'attaquent aujourd'hui — ni la richesse, ni le pouvoir. Seulement elle a de vilains défauts, des défauts de *parvenu*, et il prétend l'en corriger. Qu'elle apprenne à mettre l'honneur au-dessus de l'argent; qu'elle sache enfin que le dévouement et l'abnégation sont le prix dont on achète la grandeur et dont on paie l'autorité. Il est tellement sûr de voir se relever, d'une génération à l'autre, l'idéal de cette classe qu'il montre bravement les enfants faisant la leçon à leurs parents. Il ne suffit pas au jeune Charier que son père rembourse intégralement tous les créanciers d'une vieille faillite oubliée : il faut qu'il s'offre en holocauste et aille expier, dans la dure existence d'un soldat, ce luxe et ces jouissances auxquelles il estime n'avoir pas eu droit. Et Mlle Poirier, comment est-ce qu'elle reconquiert son noble infidèle? Par trois actes de désintéressement qui pourraient bien être trois sottises ou, du moins, trois folies : en acquittant des dettes qui ne sont pas véritablement dues, en déchirant une lettre qui pourrait lui servir d'arme devant la justice, en envoyant son mari à un duel dont la cause est pour elle une offense. Tout cela est excessif, mais Augier était convaincu, avec tous ses contemporains, que l'honnêteté, au théâtre, doit prendre des allures héroïques et qu'il faut écrire la leçon en très grosses lettres pour qu'elle soit lisible de partout. L'acteur antique se guindait sur ses cothurnes et parlait aux foules à travers un portevoix : la morale d'Augier en fait autant.

Augier avait fait ses études au collège Henri IV où il avait eu les princes d'Orléans pour camarades. Dans cette vieille et célèbre maison, il s'était pénétré des enseignements de la philosophie éclectique que Victor Cousin imposait alors à l'Université avec une autorité dictatoriale. Cette philosophie qui invoquait à la fois Platon et Leibniz, Descartes et Kant, sans dédaigner la psychologie, un peu terre à terre, du bonhomme

Reid et de ses successeurs, affirmait très haut l'existence d'un Dieu personnel, distinct de la nature qu'il a créée et qu'il conserve, la spiritualité et l'immortalité de l'âme, les idées « innées », la liberté et la responsabilité, la double série des devoirs de charité et de justice, les peines et les récompenses de la vie future. Elle laissait le dogme derrière un voile comme une haute possibilité, mais elle s'en passait très bien, niait provisoirement le miracle et opposait la religion naturelle à la théologie. C'est cette philosophie-là que je sens transparaître à travers toute l'œuvre d'Augier.

Donc il croyait que la vie est un bienfait. De là s'accroissait son respect pour le rôle auguste de la mère. Cet homme qui avait été le meilleur des fils a tracé de la maternité un portrait, doux et émouvant à regarder, dans la maman Guérin dont l'instinct perce et déjoue toutes les roueries. La maternité, même illégitime, rend sacrée à ses yeux la femme qui en accepte toutes les charges : témoin Mme Bernard dans *les Fourchambault*. Mais c'est surtout la défense du mariage qui l'a inspiré. Dès sa première œuvre, il laissait voir ses sentiments. Dans Athènes antique, aux lieux où la courtisane était la compagne intellectuelle de l'homme et où la femme mariée n'était qu'une servante et une couveuse, il plaçait l'éloge de la vie conjugale et de l'amour unique, exclusif, qui lie pour jamais l'homme à une seule femme et la femme à un seul homme. Il ne se contente pas de la fidélité dans le mariage ; il veut que le jeune homme garde, d'avance, sa foi à celle qu'il ne connaît pas encore et qui lui réserve, elle aussi, le trésor de ses innocentes pensées. Écoutez le regret désespéré de celui qui a manqué de prévoyance et de patience, qui n'a pas su conserver son cœur pur comme un temple pour la visite de l'hôte divin :

> Ah! maudite à jamais soit la première femme
> Qui de ce droit chemin a détourné mon âme!
> Maudit soit le premier baiser qui m'a séduit!
> Maudit tout ce qui m'a loin du bonheur conduit!

Ainsi parle Fabrice, dans *l'Aventurière*. Et ce n'est pas une vaine malédiction. « La femme sans pudeur, est-il dit dans une autre pièce, n'est pas plus une femme que l'homme sans courage n'est un homme. » Qu'on l'écrase sans pitié, comme un reptile. C'est ce que fait le vieux marquis dans *le Mariage d'Olympe*; c'est ce que Fabrice semble bien près de faire dans *l'Aventurière*; et c'est aussi la pensée que suggère au spectateur le dénouement des *Lionnes pauvres*, le plus réaliste de ses ouvrages avec *Maître Guérin*. Qui parle ainsi? Qui rend ces impitoyables sentences? Au lieu d'un dramaturge français du second Empire, vous croiriez entendre un puritain anglais du XVIIe siècle, ou quelque voix, encore plus lointaine, venant de ces sociétés farouches et primitives où l'adultère était puni de mort. Mais à côté de ces éclats de sévérité, apparaît une tendresse étrange pour le vagabond, l'irrégulier, l'inconscient qui a failli par faiblesse, par ignorance ou par légèreté. Le pardon n'est jamais loin et quelquefois une larme l'obtient. Par là Augier s'éloigne des puritains, mais c'est pour se rapprocher de l'Évangile.

L'auteur de *l'Aventurière* n'est pas un froid professeur de morale, mais un amant passionné de la vertu. Même passion chez Dumas ; seulement c'est un génie pessimiste, l'enthousiasme du bien s'est changé en haine furieuse contre le mal. Et le mal, ce n'est pas pour lui la loi violée, c'est la souffrance infligée à un être aimant. La femme est tout dans son théâtre, comme dans sa pensée, comme dans sa vie. L'homme n'est que secondaire et on pourrait dire qu'il gravite autour d'elle. C'est sur sa conduite envers elle qu'il est absous ou condamné. Mais elle, d'après quelle règle sera-t-elle jugée? Qu'elle aime sincèrement et ses péchés lui seront remis par Dumas. Toute vertu lui vient de l'amour ou plutôt c'est l'amour qui est sa vertu. « Il faut aimer, dit Mme Aubray, n'importe qui, n'importe quoi, n'importe comment, pourvu qu'on aime! » Le principal criterium de la sincérité chez la femme, ce sera le dévouement à l'enfant, qu'il soit né du mariage ou né de la faute. Et Mme Aubray dit encore dans cette pièce (qui est une si pauvre pièce, mais un si admirable livre!) : « Jusqu'à ce qu'elle soit mère, la femme peut errer; elle peut ignorer où réside le véritable amour et le chercher à tort et à travers. A partir de l'heure où elle a un enfant, elle sait à quoi s'en tenir. Si elle se soustrait à ce devoir, c'est qu'elle est décidément sans cœur. » Ceci semble un arrêt final et sans appel, mais attendez : voici une phrase qui rouvre la porte à toutes les indulgences : « Il n'y a pas de méchants, pas de coupables, pas d'ingrats : il n'y a que des malades,

des aveugles et des fous. » Mme Aubray dépasse la pensée de Dumas. Si on veut avoir affaire à lui, il faut le chercher dans Olivier de Jalin, et dans M. de Ryons. Celui-ci s'intitule lui-même l'Ami des femmes; celui-là en est l'ennemi. Ces deux hommes sont dans Dumas. Avec de Ryons, il tend la main à la femme qui n'est pas encore tombée et qui chancelle, ou qui est déjà tombée et qui essaie de se relever. Pour l'autre, pour la « fille », courtisane de naissance et d'instinct, incarné dans Olivier de Jalin, il la traite sans ménagement, sans galanterie; il la brise encore plus brutalement qu'Augier. Au besoin il se fait bourreau après s'être fait juge. « Tue-la! » C'est la conclusion de sa fameuse brochure et c'est aussi le dénouement de *la Femme de Claude*. Quand il ne la tue pas, il tue son complice; s'il les épargne tous deux, il nous laisse dans l'âme un dégoût si amer de la prostitution féminine et de la bassesse masculine que le spectacle des plus terribles châtiments serait loin de produire le même effet. Les Anglais comprennent peu cette moralité qui est dans les sentiments et non dans les faits, et je sais bon nombre de Français qui sont terriblement Anglais à ce point de vue-là! Si vous lisez *la Princesse George*, vous vous révolterez contre le dénouement et j'ai peine, moi-même, à le supporter. La grande coupable s'en va impunie ; le mari infidèle est délivré d'une maîtresse infâme et n'a plus qu'à rentrer dans le paradis conjugal ; le mari trompé va être conduit en prison pour meurtre ; la femme trahie a beau pardonner, elle souffrira toute sa vie ; le jeune Fondette paie de son sang le tort d'avoir été un Jocrisse de l'amour. Il a une mère. Cette mère que je n'ai pas vue, que je ne connais pas, mais qui m'intéresse et que j'aime, uniquement parce que c'est une mère qui a perdu son enfant, suffirait à me faire haïr cette fin de pièce. Et ce Cigneroi, de *la Visite de noces*, si comique et si tragique tout ensemble, qui se reprend d'amour pour son ancienne maîtresse à l'idée des trahisons imaginaires qu'elle lui aurait faites? Dumas, à la fin de ce petit acte, si plein de révélations sur les vilaines profondeurs de notre être moral, le laisse retourner chez lui avec son doux baby endormi, avec sa jeune femme candide et souriante. Qu'importe tout cela! Qu'importent ces injustices apparentes de la Destinée pourvu que la Justice soit dans nos cœurs, pourvu que l'âme soit reboutée au bon endroit, orientée où il faut, pourvu que nous partagions, contre tous ces gens-là, l'admirable et vigoureuse colère de l'auteur. C'est la colère des saints et des philosophes. Elle est ce qu'il y a de meilleur en nous; elle est le sel de la Terre, le levain des soudains héroïsmes comme des lents progrès.

J'ai reconnu Dumas dans Olivier de Jalin et dans de Ryons : je le retrouve dans le Rémonin de *l'Étrangère*. C'est toujours le même Dumas, jamais las d'étudier et d'expliquer la femme. Il expose sa classification au premier acte, recommence au second; s'il y avait dix actes, nous aurions dix conférences de Rémonin sur ce texte inépuisable et fascinant. De Jalin et de Ryons étaient des gens du monde; Rémonin est un savant. « L'amour, nous dit-il, c'est de la physique; le mariage, c'est de la chimie. » C'est là qu'intervient la fameuse théorie des Vibrions. L'avouerai-je? Je me méfie un peu de la physique et de la chimie de Dumas. Elles me paraissent plus curieuses qu'exactes, plus saisissantes que profondes, mais cette transformation indiquait un fait important : c'est que le monde avait marché depuis la jeunesse de l'auteur et que la psychologie était en train de devenir une science.

Je ne crois pas qu'il soit possible aujourd'hui à un grand esprit de ne pas être un peu anarchiste. Alexandre Dumas méprisait la haute société de notre temps comme elle le mérite ; il l'a malmenée à la manière de Rousseau et de Tolstoï. « Notre fortune n'est pas à nous, dit le fils de Mme Aubray. — A qui donc est-elle? — A tous ceux qui en ont besoin. » Voilà pour la propriété. Quant au mariage, on peut dire que Dumas l'a attaqué, mais par les mêmes honnêtes raisons qui faisaient qu'Augier le défendait. C'est pour rendre le mariage plus pur et plus fort qu'il souhaitait l'établissement du divorce. Son idée a prévalu, mais ce n'est qu'une étape. En somme tous les grands problèmes qui nous occupent, nous inquiètent, nous enfièvrent, vous les voyez poindre dans l'œuvre de ses vingt dernières années. J'ajoute que, comme son contemporain, tout en cherchant la loi morale dans les sentiments naturels, il réserve l'Au-delà.

Après la défaite de 1870, ces deux hommes eurent au cœur une plaie toujours ouverte, toujours saignante. Augier, dans *Jean de Thommeray*, a montré un jeune noble libertin pour qui la place du Palais-Royal devient le Chemin de Damas. En voyant passer son père à la tête d'un régiment de mobiles : son âme est changée. Il se jette dans les rangs et demande un fusil aux cris de : « Vive la France ». A cette scène théâtrale combien je préfère encore une simple phrase, dite par Claude à son disciple dans le silence du laboratoire : « Homme de vingt ans qui as peut-être encore quarante ans à vivre, que viens-tu me parler de chagrins d'amour? C'était bon autrefois. Et ton Dieu qu'il te faut retrouver? Et ta conscience qu'il te faut établir? Et ta patrie qu'il te faut refaire? » Paroles sévères, solennelles, sublimes : je plaindrais le Français qui pourrait les lire ou les entendre sans émotion.

Les voilà donc, ces frivoles amuseurs, ces corrupteurs de la jeunesse! On peut critiquer et améliorer le système dramatique d'Augier et de Dumas, blâmer l'abus qu'ils ont fait de l'esprit dans leurs pièces. Mais ils demeurent des moralistes, et je n'aurais pas de peine à démontrer que Barrière, Feuillet, Labiche, Meilhac lui-même (oui, Meilhac) sont aussi des moralistes. Les Français ont toujours aimé à regarder au dedans d'eux-mêmes, à raisonner sur leurs sentiments et leurs passions. C'est à cet exercice qu'ils ont acquis l'agilité et la subtilité d'esprit, en même temps que le don d'émotion que les étrangers leur reprochent ou leur envient. Dans leurs sermons, dans leurs romans, dans leurs histoires, ce sont encore et toujours des moralistes. Les moralistes, en un mot, c'est la fleur de notre génie, l'essence même de la France. Dumas est un des plus grands et, quand on ne jouera plus ses pièces, si ce jour doit venir, il faudra en tirer un livre qui se placera sur le même rayon que les *Pensées* de Pascal, entre les *Essais* de Montaigne et les *Maximes* de La Rochefoucauld.

II

M. Édouard Pailleron. — M. Henry Becque. Le Naturalisme au Théâtre et la Comédie « Rosse ».

Parmi les témoins, encore nombreux, qui ont assisté à la lutte contre les Prussiens et aux tragédies de la Commune beaucoup avoueront, s'ils sont sincères, qu'ils s'attendaient à voir la France sortir transformée de cette terrible épreuve. Serait-elle meilleure? Serait-elle pire? En tout cas, elle serait différente : un autre peuple avec d'autres idées, d'autres mœurs, par conséquent avec un autre art et une autre littérature. L'âme de la nation avait été remuée jusque dans son fond, retournée, bouleversée; rien n'allait plus se trouver à la même place. Chacun se croyait changé ainsi qu'après la perte d'un être chéri;

comment l'être collectif, fait de toutes les existences particulières, n'eût-il pas ressenti ce grand changement?

Je partageai cette impression. Lorsque je revis Paris, dans ces jours de stupeur, d'humiliation et de sourde colère qui s'écoulèrent entre les deux sièges, je ne le reconnus pas. Plus de voitures, plus de toilettes, plus de luxe. Rien que des visages pâles, des vêtements sombres, des uniformes salis et déchirés; tout le monde triste et tout le monde pauvre. Cela allait-il durer? D'Athéniens allions-nous devenir Spartiates? Serions-nous désormais une nation de travailleurs silencieux et austères, avec une idée fixe dans l'esprit et, dans le cœur, l'ardent mépris de tout ce que nous avions aimé?... Je ne tardai pas à être éclairci sur ce point. Dès l'automne de 1871, je retrouvai Paris à peu près tel que je l'avais connu sous l'Empire. C'est alors que je me rappelai l'axiome de Linné qui contient en germe tout l'Évolutionnisme : *Natura non facit saltus*. J'y demeure attaché comme à une des seules vérités vraiment vraies sur lesquelles notre esprit puisse s'appuyer. Non, la nature ne procède point par sauts et par bonds. Une heure de crise ne change pas plus les sociétés que les hommes.

Donc, en apparence, tout reprit son cours comme à la veille de la catastrophe. S'il y avait une nuance à noter, c'était, dans la classe dirigeante, une vague tendance rétrospective et archaïque. Des vieillards qui avaient boudé les uns depuis dix-huit ans, les autres depuis quarante sortaient de leurs retraites et se défripaient, s'épanouissaient au bon soleil, à l'air vif qui balayait la Place d'Armes, dans Versailles redevenu capitale. C'était le marquis de la Seiglière qui gouvernait de nouveau la France, conjointement avec M. Poirier. Ce bon M. Poirier, comme on s'était moqué de lui pour avoir annoncé qu'il serait « pair de France en 1848! » On cessa de rire lorsqu'il devint sénateur inamovible en 1875. Personne n'ignore combien cette révolution fut près d'aboutir à une restauration. Peut-être la monarchie était-elle faite si le descendant des rois avait laissé attacher le drapeau d'Austerlitz en guise de cravate à la hampe du drapeau d'Ivry et de Fontenoy.

La littérature, dans ces conditions, fut ce qu'elle devait être : un livre qu'on rouvre, après avoir été interrompu dans sa lecture à la page, à la ligne, au mot où l'on s'est arrêté. La guerre avait fait naître une infinité d'ouvrages : mémoires, plaidoyers, révélations, récriminations, plans de revanche et chansons patriotiques. Peu à peu ce torrent de papier imprimé s'écoula. Dans les théâtres les mêmes acteurs continuaient à jouer les mêmes pièces — ou des pièces analogues — devant le même public. Les talents qui surgirent alors étaient taillés sur le patron que l'époque précédente avait mis en vogue.

Les artistes, d'abord. Je prends quelques noms parmi ceux qui faisaient recette. Céline Chaumont a occupé pendant quinze ans, sur notre théâtre, la place que tient aujourd'hui Réjane. Je l'ai vue débuter, presque enfant, dans *l'Ami des Femmes*, au Gymnase. C'était l'élève favorite de Déjazet, mais elle greffait sur la malice « vieille France » de Déjazet une certaine dose de réalisme moderne, réclamée par son public. Que représentait-elle? L'esprit parisien et féminin porté au comble. Elle soulignait admirablement et elle finit par souligner tout, ce qui revient au même que si on ne soulignait rien. Elle disait si bien qu'elle dégoûta presque ceux qui l'entendaient de cet art de dire dont la société du second Empire avait fait ses délices. Elle avait pour compères Dupuis ou Daubray. Dupuis l'ahurissement, Daubray, la rondeur. Les auteurs qui leur écrivaient des rôles, le public qui allait les applaudir, oubliaient les personnages représentés ; ils ne voyaient et n'entendaient que Dupuis ou Daubray.

Même genre de succès pour Mme Judic. L'actrice était tout ; le rôle, rien. La spécialité de Mme Judic, c'était de dire et de faire des énormités de l'air le plus ingénu. La sortir de là, c'eût été attenter aux plaisirs du bon peuple parisien. Dans chaque pièce qu'on faisait pour elle, il y avait un moment ou un costume particulièrement scabreux, un refrain, un mot, un geste qui enlevait la salle : c'était le « clou ». Les gens chics arrivaient pour ce moment-là et s'en allaient ensuite, enchantés de l'artiste et contents d'eux-mêmes.

Mme Bartet a été soudainement révélée aux Parisiens le soir de la première de *Fromont jeune et Risler aîné*, un drame tiré du fameux roman d'Alphonse Daudet. Elle jouait la petite fleuriste aux doigts de fée, que tout le monde aime excepté celui dont elle voudrait être aimée. Ce fut une création inoubliable comme la *Froufrou* de Desclée. Jamais l'amour douloureux, l'amour sacrifié, humble et souffrant n'avait été incarné sur la scène avec cette grâce et cette délicatesse. C'était, si mes souvenirs sont exacts, en septembre 1876 et, depuis vingt ans, Mme Bartet incarne toujours avec la même grâce et avec le même succès, l'amour résigné et douloureux. Lorsque je l'ai vue dans *la Loi de l'Homme* mon voisin de stalle me dit : « Ce que vous voyez là n'est pas la vraie Bartet, notre Bartet à nous. C'est la première fois qu'elle regimbe, la première fois qu'elle se fâche. » Ce mot m'aurait appris, si je l'avais ignoré, que la génération de 1876 jugeait du talent dramatique absolument d'après les mêmes règles que celle qui l'avait précédée, mais en poussant ces principes à l'extrême. Le spectateur demandait à une artiste de rester elle-même, rien qu'elle-même, sous des noms différents. Il trouvait bon qu'elle s'immobilisât dans la même attitude, répétât la même intonation, exprimât, sans se lasser, la même nuance du même sentiment. Il ne lui imposait qu'une simple condition : d'être parfaite dans cette expression. Ainsi l'art grec avait condamné, suivant le mot de Victor Hugo,

Les nymphes à la honte et les faunes au rire.

Tout cela, évidemment, ne s'applique pas aux artistes hors ligne, comme Coquelin et Sarah Bernhardt, qui joignent un tempérament personnel très original à une puissance rare d'assimilation et de métamorphose. Par ce double don ils devaient demeurer maîtres de la scène après que le goût aurait changé. Comptez cependant pour combien entrent dans les succès de Sarah — surtout dans les premiers — son regard, son sourire, sa grâce de femme, le je ne sais quoi qui l'accompagne dans tous ses rôles et cette voix, cette fameuse voix d'or qu'on a louée jusqu'au ridicule et que, pourtant, on ne louera jamais assez, dont on ne saurait exagérer l'importance puisqu'elle a changé toutes les modulations de la voix féminine, non seulement sur le théâtre, mais dans la conversation ordinaire.

Donc les traditions scéniques demeuraient entières et les talents nouveaux étaient jetés dans l'ancien moule. Sur les affiches, toujours les mêmes noms : Dumas, Augier, Labiche,

Meilhac et Gondinet. La fin de la décade 1870-1880 vit éclore deux ou trois vaudevillistes, Hennequin, Paul Ferrier, Bisson. Ils savaient à fond l'art d'escamoter la femme qu'on cherche, de promener un mari, de mettre une belle mère en ébullition, de faire pivoter trois intrigues autour d'un même personnage. Ils avaient jusqu'à cinq portes dans un salon et pas une de ces portes n'était inutile à l'action. *Le Procès Vauradieux* et les *Dominos roses* promettaient longue vie au genre qui a produit *le Chapeau de paille d'Italie* et *la Mariée du mardi gras*. Dans la comédie de grand style, un nom avait grandi, celui de M. Édouard Pailleron.

C'était — c'est encore (car il est Dieu merci! bien vivant et en pleine possession de son talent) — un homme du monde et un homme riche : ce qui le faisait prendre pour un amateur. Il avait débuté par de jolis riens en vers : de ces choses qu'on déclare des « bijoux », des « perles », de « petits chefs-d'œuvre » sans y attacher du reste la moindre importance. Mais, après cette série de succès qui a eu son point culminant, en 1881, dans *le Monde où l'on s'ennuie*, il fallut bien reconnaître dans M. Pailleron un satiriste dramatique, un moqueur très distingué, un peintre, aussi amusant que fidèle, des ridicules de la haute société. Il n'a pas de rival lorsqu'il s'agit de mettre en scène cette région particulière où fleurit le pédantisme mondain, où sévit le virus politico-académique, où l'on déclame, où l'on conférencie, où l'on marivaude, où l'on fabrique, entre deux tasses de thé, des députés et des « immortels ». Si *le Monde où l'on s'ennuie* cessait jamais — ce que je ne crois pas — d'être du théâtre vivant, cette pièce demeurerait un document pour l'histoire des mœurs. Personne n'a jamais songé à dire que M. Pailleron ne fût pas vrai : on l'accuse, au contraire, de l'avoir été, au moins en cette circonstance, jusqu'à l'indiscrétion, jusqu'à la trahison. Je ne veux pas discuter la question. Puisque M. Pailleron ne le veut pas, nous ne dirons point que Bellac est un portrait. En tout cas, ce n'est sûrement pas une caricature. Il me représente à la fois, le Trissotin et le Tartufe de sa classe et de son temps : car tous les Tartufes ne sont pas à l'église. La philosophie, l'art a les siens, comme le politique, comme la religion. La Tartuferie philosophique et artistique, en 1881, consistait à professer un vague idéalisme, à chatouiller doucement l'âme féminine avec une certaine rhétorique moelleuse, languissante et subtile. C'est ce que Bellac fait en perfection. Il y a, dans son discours du second acte, des phrases que son prétendu prototype de la Sorbonne n'aurait peut-être pas dédaigné d'accueillir si elles s'étaient offertes à lui; de même que le Sonnet d'Oronte eût fort bien pu être avoué par un des vrais « précieux » qui ont travaillé à la *Guirlande de Julie*. C'est à ce signe qu'on connaît les railleurs de bon aloi. Eux seuls sont capables de ménager leurs victimes tout en les flagellant, et de laisser ses armes à l'adversaire qu'ils veulent écraser.

L'esprit et l'observation de M. Pailleron sont tout modernes, mais je ne puis en dire autant de son architecture dramatique. Il n'est pas seulement, sous ce rapport, l'élève de Dumas et d'Augier; il procède directement de Scribe à travers Sardou. Dans *le Monde où l'on s'ennuie*, l'intrigue roule sur une lettre perdue par quelqu'un et trouvée par tout le monde, et qui donne lieu à une double méprise. Les uns se trompent sur l'auteur et les autres sur la destinataire du billet. Les moindres incidents qui peuvent prolonger ou aggraver le malentendu sont exploités avec un art exorbitant; ils s'engendrent et s'enchaînent de la première scène à la dernière. Même complication de petits moyens dans *l'Age ingrat* et dans *les Faux Ménages*. Dans *la Souris*, un même homme est adoré, ou courtisé de quatre femmes dont l'amour évolue autour de lui de façon à rappeler certain jeu très connu des enfants. Il y a cinq actions parallèles dans *Cabotins*; elles correspondent aux cinq questions suivantes : 1° Grignoux retrouvera-t-il sa fille? 2° Pierre épousera-t-il Valentine? 3° Pegomas sera-t-il député? 4° Laversac sera-t-il de l'Institut? 5° Mme de Laversac conservera-t-elle son amant? Le malheur, c'est que, si l'esprit de M. Pailleron nous enchante, ses problèmes dramatiques ne nous émeuvent guère. Alors pourquoi les poser? Pourquoi ces quiproquos laborieux et ces coups de théâtre auxquels nous ne croyons pas? L'auteur, du moins, y croit-il? Dans le fond de son âme, est-il bien persuadé qu'on ne peut être sauvé sans une exposition, un nœud, une péripétie et un dénouement, sans la « progression », sans les intrigues parallèles, sans ces moyens de vaudeville qui amènent des scènes de mélodrame? J'ai peur que non. Dans son théâtre, lorsqu'un personnage a été posé en deux ou trois tirades, qu'il a lancé, comme autant de projectiles, les mots à effet dont l'auteur avait, à l'avance, bourré sa cartouchière, ce personnage n'aura plus sur les lèvres que d'insignifiantes répliques ; il rentre dans l'ombre jusqu'au moment où l'auteur le convoquera au dénouement. On dirait un pantin inutile, écroulé dans un coin, les bras ballants, la tête chavirée sur une épaule, en attendant que le montreur de marionnettes ressaisisse les fils qui le font mouvoir. Artiste très sincère lorsqu'il dessine ses caractères, M. Pailleron devient artificiel lorsqu'il s'agit de les faire agir. Par où l'on voit qu'il appartient à cette heure inévitable dans l'histoire de toutes les écoles où le procédé tient plus de place que l'inspiration. Les religions artistiques, comme les autres, sont vraiment malades lorsque le prêtre est plus incrédule que les fidèles.

Dumas et les partisans de la « pièce bien faite » avaient beau tenir toutes les positions, gagner victoire sur victoire : on sentait que c'étaient des victoires *à la Pyrrhus*. L'armée naturaliste marchait sur eux sans relâche et menaçait de les déborder.

Il serait puéril, aujourd'hui, de paraître ignorer les triomphes du naturalisme dans le domaine du roman. Longtemps nié ou bafoué, il s'était renfermé dans les limites étroites d'une secte mal famée. Trop savant pour la foule, il semblait trop brutal pour plaire aux délicats. A peine pouvait-il prétendre, disaient les vieux critiques, à un succès de curiosité et de scandale, et, ce triste succès, il ne l'obtenait même pas. Les Goncourt, ces incomparables artistes, n'avaient recueilli qu'une notoriété suspecte. Flaubert ne comptait à son avoir qu'un seul livre vraiment populaire, *Madame Bovary*. Après *Salammbô*, on avait ri; on avait haussé les épaules après l'*Éducation sentimentale*. Même les premiers volumes de la série des *Rougon Macquart* avaient laissé leur auteur au second plan. C'est vers 1875 que la mode s'en mêla, que la fièvre s'y mit et que commença la grande bataille. La vogue, sans précédent, de *l'Assommoir*, de *Nana*, de *Germinal* eut pour pendant la vogue parallèle et au moins égale de *Fromont et Risler*, du *Nabab*, des *Rois en exil*, de *Numa Roumestan*. Daudet, avant tout, est Daudet, c'est-à-dire un poète, un railleur, un enfant privilégié des pays aimés du soleil où tout son est une musique, où tout paysage est un tableau, où l'observation est une fatigue et l'invention une joie. Pourtant un grand nombre de ses pages — ce ne sont pas les moins belles — appartiennent au Naturalisme. Autant que son chef, plus peut-être, il a contribué au succès de l'Ecole. Quand ce succès fut indiscutable, on revint à Flaubert et aux Goncourt comme aux vrais maîtres méconnus, aux initiateurs du mouvement. Puis, de Flaubert et des Goncourt on remonta jusqu'à Stendhal. Pauvre Stendhal! J'avais vu, en 1866, gisant dans un coin de la bibliothèque de Grenoble, un immense tas de paperasses, noircies de son écriture pittoresque. Ces paperasses, que trois générations avaient dédaignées, furent pieusement recueillies, feuille à feuille, et livrées enfin au public. Chose saisissante : le grand incompris ressuscitait, juste à la date précise qu'il avait fixée à sa gloire posthume.

Bien des raisons expliquaient la victoire de Zola et de ses amis. D'abord, il ne serait pas difficile de démontrer que, trois ou quatre fois déjà dans le cours de notre histoire intellectuelle, nous avons été naturalistes, et que, quand nous cessons de l'être, c'est pour le redevenir encore.

En faisant des *Rougon Macquart* une machine de guerre contre le régime déchu, M. Zola avait mis de son côté les passions politiques du moment. L'Empire était tombé, c'est vrai, mais la société impériale restait debout. A la Chambre, les représentants de cette société faisaient cause commune avec les revenants de Frohsdorff et de Twickenham. Leur défaite définitive après le seize mai et la retraite de Mac-Mahon, après la campagne anticléricale de Jules Ferry, coïncida avec le triomphe de Zola et de Daudet. Il y avait là plus qu'une simple coïncidence. L'auteur des *Rougon Macquart* eut soin d'imprimer à son œuvre un caractère démocratique en harmonie avec les revendications nouvelles. Il ne s'agissait plus, comme l'avait fait insidieusement la littérature des classes moyennes, d'idéaliser les masses laborieuses dans la personne de quelques-uns de leurs membres qu'on voit, vers les dernières pages, ou promus à la bourgeoisie ou invraisemblablement heureux dans leur vertueuse pauvreté. Il n'était plus question de peindre le « bon peuple », mais le « vrai peuple », dans ses misères, dans ses passions, dans sa force. « Mon livre, disait le maître de Médan en parlant de *l'Assommoir*, est le premier qui ait vraiment l'odeur du peuple. » Aussi fut-il l'évangile des *Nouvelles Couches*. Mais les délicats? N'allaient-ils pas se boucher le nez?

Je dirai franchement ma pensée. Il n'y a pas de délicats : il n'y a que des curieux, des raffinés, des chercheurs de sensations subtiles et rares. Le premier choc surmonté, ils s'encanaillent très bravement. Ils en arrivent très vite à demander, comme cette vieille dame légendaire dans une ville prise d'assaut par les Turcs : « A quelle heure viole-t-on? » Ils ont flétri M. Zola, mais ils l'ont acheté. Ils l'ont mis à l'index, mais après l'avoir lu. Puis ils ont murmuré, pour leur excuse bien plus que pour sa gloire : « Après tout, c'est un grand artiste! »

Qu'était-ce au juste, que le Naturalisme? Le naturalisme était la continuation logique et l'étape finale de cette réaction réaliste qui avait suivi la déroute de l'École Romantique. C'est le réalisme traité par la méthode scientifique. Là où le réalisme se contente d'observer, le naturalisme expérimente. Le réalisme donne une impression personnelle; le naturalisme y substitue le document. Le réalisme, qui regardait les actions humaines par le dehors et les jugeait d'après leurs résultats, pouvait encore croire à la volonté et se concilier avec cette bonne doctrine spirituatiste, bigarrée comme l'habit d'Arlequin et faite de tout ce que ces braves gens de philosophes, anciens et modernes, ont dit de plus noble et de plus consolant. Le naturalisme appliquait résolument à l'analyse de la vie moderne les principes et les procédés de Taine; il faisait ressortir, dans le détail comme dans l'ensemble de son œuvre, la prédominance des causes fatales, de l'hérédité, de l'instinct et du milieu sur l'individu. Lorsqu'il avait trouvé la « faculté maîtresse » dans un être humain, il s'y tenait, montrait les autres forces morales se subordonnant à cette force principale; il mettait en scène, par conséquent, des caractères simples, tout d'une pièce, qui ne se modifiaient point, ne se transformaient jamais, mais qui se développaient jusqu'à leurs dernières conséquences. Tels l'ambitieux, l'avare, le débauché. Pas plus que l'entomologiste ou le botaniste ne rencontre dans ses recherches l'idée du bien et du mal, le romancier ne devait la rencontrer dans cette nouvelle étude, qui est l'histoire naturelle du cœur humain. Impartial jusqu'à l'impassibilité, il n'avait plus à juger, ni à conclure, ni même à suggérer une conclusion. Il faisait voir la vie non telle qu'elle devrait être comme l'idéaliste, non telle qu'elle s'offre à nos yeux comme le réaliste, mais telle qu'elle est au fond pour la science psychologique et pour la science sociale. La morale n'avait donc plus rien à faire avec cette littérature, l'art très peu de chose.

Ce n'était pas gai. George Sand, qui était d'un autre temps, avoue que la lecture de *Jack* l'avait rendue incapable de tenir une plume pendant plusieurs jours. Je n'ai jamais, pour ma part, terminé un roman de M. Zola sans éprouver une sensation horrible d'étouffement, d'écrasement, comme si j'étais enterré vivant, comme si j'avais de la terre sur la bouche. Non, ce n'était pas gai mais ce fut là, justement, une des chances du naturalisme. La France était triste. D'abord la défaite nous avait rendus ombrageux et inquiets. Puis, nous n'avions plus ce « mol oreiller » de la foi sur lequel nous avions dormi nos sommeils d'enfants pendant des siècles et dont nous commencions à vanter la douceur, avec un regret nostalgique, depuis que nous l'avions perdu. Quant à la science, elle ne tenait pas les promesses que, du reste, elle ne nous avait jamais faites mais que, follement, nous nous étions faites en son nom. Le poète latin a dit :

> *Os homini sublime dedit, cœlumque tueri*
> *Jussit...*

Et nous, dans un horizon voilé, morne et rétréci, nous allions, tête basse, et nous regardions la terre. A quoi bon regarder le ciel puisqu'il était vide? Ainsi Schopenhauer, du fond de sa tombe allemande et de ses livres encore plus allemands, prêtait main-forte à l'auteur de *Germinal*; le pessimisme qui devait, comme toujours, ramener beaucoup d'esprits au mysticisme, aidait, pour le moment, à la fortune du naturalisme.

La question qui se posait était celle-ci : après avoir absorbé le roman, le naturalisme allait-il s'implanter sur la scène?

Lors de leur début au théâtre, Augier et Dumas avaient été portés et soutenus par ce mouvement réaliste d'où le naturalisme était sorti. Mais ils s'étaient vite arrêtés dans cette voie et parce qu'ils s'étaient heurtés à des conventions théâtrales considérées comme inviolables et parce que leur tempérament ne les poussait pas du tout de ce côté-là. Réalisme dans la mise en scène, tant qu'on voudrait! Du feu dans la cheminée, de la moquette de haute laine sur le plancher; un vrai mobilier, du vrai champagne et de vrais poulets sur la table : rien de mieux. Des toilettes qui nous aident à prendre les actrices pour de véritables *mondaines* : parfait. Un dialogue plus rapproché de la conversation, oui, peut-être. Sur ce point les deux auteurs diffèrent. Dumas a le dialogue admirablement naturel et facile, toutes les fois qu'il ne prêche ni ne théorise, mais il lui arrive si souvent de prêcher ou de théoriser! Quant à Augier, je ne connais rien de si agréablement artificiel et de si littérairement suranné que la langue des *Effrontés* et du *Fils de Giboyer*. On a dit récemment qu'Augier était un réaliste. Dans toute son œuvre la part du réalisme est aisée à faire. Elle se compose d'une scène du *Mariage d'Olympe*, du caractère de Séraphine dans *les Lionnes pauvres* et du caractère de maître Guérin dans la pièce à laquelle il donne son nom, car tous les personnages qui l'entourent appartiennent, manifestement, au monde de la convention et de la chimère. Beaucoup plus large est la part du réalisme dans le théâtre de Dumas. *Monsieur Alphonse*, c'est presque du naturalisme et c'en serait absolument, sans le dénouement qui se retourne, avec enthousiasme, vers l'art idéaliste et optimiste. Dumas aimait la réalité; il l'eût observée et peinte admirablement s'il avait eu moins de génie. Mais empêchez donc d'inventer, empêchez donc de créer un homme qui est né créateur, un Balzac, un Dickens, un Stevenson, un Dumas fils !

Lorsqu'il vit *son* théâtre menacé par le naturalisme, il marcha droit à l'ennemi et le combattit dans plusieurs préfaces. La réalité, disait-il en substance, n'est que la matière première du dramaturge, c'est le point de départ, non le point d'arrivée. Le théâtre est l'art des préparations et des explications : or le naturalisme n'explique rien, ne prépare rien. S'il transporte un drame du roman à la scène, il laisse derrière lui, entre les pages du livre, toutes les données psychologiques, les faits antérieurs que le spectateur aurait besoin de connaître. Le personnage de la pièce naturaliste n'a pas le droit de s'analyser devant nous. Comment le pourrait-il s'il s'ignore lui-même? Il est tout d'un bloc : tel à la première scène, tel à la dernière. Dès lors où est la progression, où est l'imprévu, où est l'intérêt? La pièce finit mal ou ne finit pas, sous prétexte d'imiter la vie. Mais si le Français est pessimiste au coin de son feu, il paraît établi que deux mille Français, réunis dans une salle de spectacle, sont optimistes, qu'ils ne veulent pas aller se coucher sans avoir vu l'amour et la vertu tirés d'affaire ou, tout au moins, sans qu'on ait répandu quelques fleurs sur leur cercueil. C'est ce qu'on appelle en Angleterre la « justice poétique » : elle ne coûte rien et elle fait grand plaisir. En somme la pièce naturaliste n'est pas « faite » et n'aboutit point. Elle n'est ni une œuvre d'art ni une démonstration morale : double caractère que doit présenter un bon drame. Si le naturalisme s'emparait du théâtre, il n'y aurait plus de théâtre.

Voilà ce qu'on disait dans le camp de Dumas et de Sardou. Il faut reconnaître que l'échec, tantôt piteux, tantôt retentissant des œuvres les plus considérables du roman naturaliste lorsqu'on les transportait sur la scène semblait justifier les raisonnements que je viens de résumer. La *Musotte* de Maupassant, a obtenu, il est vrai, un très joli succès. Mais il avait, ce soir-là, pour collaborateur Jacques Normand, un poète ingénieux et charmant doublé d'un très habile auteur dramatique. Les mésaventures théâtrales de nos grands romanciers naturalistes ne s'expliquaient-elles pas tout simplement par le fait que ces écrivains célèbres n'entendaient rien au théâtre? Il fallait voir le naturalisme manié par un homme de théâtre. C'est l'expérience qu'a tentée M. Henry Becque avant tous les autres.

Elle est très curieuse, la destinée de M. Henry Becque. Elle l'est tout particulièrement pour quelqu'un qui a dormi vingt ans, comme vous savez que c'est mon cas. Quand je me suis endormi, M. Becque était bien près d'être un grotesque. Il frappait à la porte de tous les théâtres avec des manuscrits qu'on s'empressait de lui rendre et quand il réussissait à faire jouer un drame, on riait à se rendre malade. Cela faisait époque, cela passait en proverbe; on disait « rire comme à *Michel Pauper* ».

Quand j'ai rouvert les yeux à la lumière du lustre et les oreilles aux rumeurs du monde théâtral j'ai appris avec un peu d'étonnement que M. Henry Becque était un maître, un chef d'école, très discuté, mais très suivi et très imité; que

M. Lemaître le comparait à Molière et que sa candidature à l'Académie française avait été posée sans que personne en parût scandalisé ou égayé. Ceux qui admirent aujourd'hui M. Henry Becque ont-ils raison? En conscience, je le crois. Alors nous avions tort, autrefois, de le blaguer? Pas du tout. Je viens de relire *Michel Pauper*. C'est toujours un drame exagéré, violent, presque fou et en même temps, si lourd et si vulgaire de forme! La langue que parlent les personnages de ce drame est absolument stupéfiante. C'est un spécimen hors ligne de cette banalité exaspérée qu'on a reprochée au pauvre M. Ohnet. Cueillons au hasard quelques phrases : « C'est votre *demoiselle*? — Oui, c'est ma *demoiselle*... Avez-vous été satisfait de votre santé, monsieur le baron, depuis votre dernière visite?... La mort a été, de tout temps, un sujet de réflexions mélancoliques... ô hommes! ô hommes! que vous êtes ingrats, légers et cruels!... Celui que j'ai accueilli comme un maître se lassera bientôt d'une domination incomplète et j'aurai perdu son respect sans avoir conquis son amour... Viens, mon gentilhomme, mon guerrier!... Je t'adore, créature pudique et fière... J'aimais sa personne avant de connaître son cœur... Ces choses qu'on ne peut cacher sans honte ni avouer sans audace. »

Une jeune fille à laquelle on a fait violence nous informe de l'accident par cette antithèse qui eût fait pleurer de joie mon professeur de rhétorique : « Il demanda à sa volonté ce qu'il ne pouvait obtenir de la mienne. » A quelle époque et dans quel monde a-t-on bien pu parler ainsi? J'essaie d'imaginer une société de vieux retraités qui ne sont en communication avec l'esprit de leur temps que par la lecture des faits divers du *Petit Journal* et qui se réunissent trois fois par semaine, au quatrième sur la cour, dans une rue morte des Batignolles ou du Marais, pour faire leur bésigue chinois ou leur rubicon. Qu'une tragédie tombe dans ce groupe et, pour exprimer leurs émotions, ils ne trouveront dans leur mémoire que quelques lambeaux des phrases entendues dans leur jeunesse à l'Ambigu. Ils rendront du Bouchardy, mêlé à l'insipidité de leur langage ordinaire, et ce sera à peu près le dialogue de *Michel Pauper*. Mais non, Bouchardy est décidément trop moderne. Bouchardy, c'est le romantisme mis à la portée des illettrés de 1840. Le style de M. Becque est plus vieux que cela. J'y retrouve, incrustées çà et là, des locutions que je désespérais de revoir, des mots fossiles, sans âge, des mots d'avant Mme Cottin.

Ignorer son temps, les mœurs qui y règnent, la langue qu'on y parle, l'art qu'on y cultive et qu'on y admire, tout ce qui fait loi et tout ce qui fait recette, dans la société et dans la littérature, c'est quelquefois une grande force. M. Becque a eu cette force. Beaucoup d'hommes qui s'isolent ainsi du mouvement contemporain meurent avant le temps, le foie rongé de colère, empoisonné d'amertume. Lui, comme dit le peuple de Paris, ne s'est pas fait de bile. Il s'est amusé tout le temps ; à lui seul il s'est moqué de tout le monde autant que tout le monde se moquait de lui. Il a attendu, comme le paysan d'Horace, que le fleuve eût cessé de couler ; et voici qu'en effet le fleuve est tari.

Il aurait pu chercher à apprendre de Scribe le secret de la pièce « bien faite » ; il aurait pu, lui centième après Dumas fils, risquer une pièce à thèse, avec dénouement optimiste. Il a préféré employer ses loisirs d'auteur refusé à relire Molière et à observer la vie. Molière et la vie : deux assez bons maîtres, n'est-ce pas ? Ils ont appris, paraît-il, à M. Becque que les caractères les plus propres à nous faire rire ou à nous émouvoir, ce sont les inconscients, ceux qui suivent imperturbablement et aveuglément leur passion ou leur intérêt partout où il les mène, ceux qui se peignent, sans le vouloir et sans le savoir, par des mots dont ils ignorent la portée. Remarquez que les hypocrites eux-mêmes ont de ces mots-là : sans quoi nous ne saurions pas que Tartufe est Tartufe avant qu'il ait été démasqué. Placez maintenant ces personnages dans une situation initiale qui met en jeu leur vice dominant, leur passion maîtresse. Puis, laissez-les aller tout seuls; ne vous mêlez plus de rien : vous gâteriez tout. Pas de nœud, pas de péripétie, rien que le développement des caractères. Surtout pas d'intervention de la Providence. Au quatrième acte de *l'Étrangère*, Rémonin nous avoue qu'il attend quelque chose. « Les dieux vont venir », nous dit-il. Et, au cinquième acte, en effet, quelque chose arrive et les dieux se montrent. Hé bien, chez M. Becque, les dieux ne viennent jamais et les hommes se débrouillent comme ils peuvent. A quoi connaît-on que la pièce est finie? A ce que le rideau tombe. Et quand le rideau tombe-t-il? Quand l'auteur a tiré de ses caractères tout ce qu'ils comportaient dans une situation donnée.

Tel est, dans ses lignes principales, le système dramatique dont *les Corbeaux* et *la Parisienne* sont jusqu'à présent les chefs-d'œuvre.

La mort frappe brusquement au milieu d'une famille parisienne dont elle enlève le chef en pleine activité avant qu'il ait pu mettre ordre à ses affaires. Elle livre ainsi la veuve et les trois filles du mort à toutes les entreprises sournoisement criminelles auxquelles peut donner lieu le règlement d'une succession embarrassée. Les corbeaux s'abattent sur elles. C'est l'associé du père, c'est l'homme d'affaires, c'est l'architecte, ce sont les fournisseurs. Ces quatre femmes seraient dévorées si l'aînée des filles ne plaisait à l'un d'entre eux, au vieux Teissier. Elle épouse l'affreux bonhomme pour sauver sa mère et ses sœurs; elle l'épouse sans larmes, sans pose, *sans faire d'histoires*, car c'est une fille pratique et ce genre de sacrifice n'a rien d'insolite en France. Tenez-vous absolument à une conclusion? C'est que, quand on a les corbeaux après soi, il faut se mettre sous la protection du plus gros, du plus méchant d'entre eux pour qu'il fasse fuir les autres. Teissier dit naïvement à Marie : « Ah! ma pauvre enfant, depuis la mort de votre père vous n'avez été entourée que de fripons! » N'oubliez pas que, de tous ces fripons, il a été le plus avide et le plus dangereux.

Voilà le comique de M. Becque et voilà ses mots : des mots monstrueux qui paraissent tout simples à ceux qui les laissent tomber. Dans *la Parisienne*, ces mots abondent. Clotilde a un mari et un amant. Elle a la prétention de les rendre heureux l'un par l'autre, d'être une bonne épouse et une bonne maîtresse, de mener décemment et adroitement son tranquille petit ménage à trois. Elle réserve trois jours par semaine au tempérament; le reste appartient à la famille, au monde, au « devoir », à la vertu. C'est l'adultère rassis, confortable, consolidé, qui se croit respectable parce qu'il a duré, l'adultère qui calcule, raisonne, moralise et va à la messe. « Vous ne voudriez pas, dit Clotilde à Lafont, d'une maîtresse qui n'aurait pas de religion, ce serait affreux ! » Elle lui reproche sa tiédeur à l'endroit de cette parenté de fantaisie qu'elle lui a fabriquée : « Vous n'aimez pas mon mari, non, vous n'aimez pas mon mari. » Et il se défend avec beaucoup de chaleur contre ce curieux reproche. A-t-elle un caprice, en dehors de l'amant en titre, elle se justifie à ses propres yeux en faisant servir ce caprice à l'avancement de son mari. En ces circonstances, il faut entendre l'indignation vertueuse de l'amant, cent fois plus mari que le mari : « Résistez, Clotilde, c'est la seule conduite honorable et digne de vous! » Ces mots firent grincer des dents au premier public qui les entendit; aujourd'hui on les compare couramment aux mots de Molière. Vous êtes libres d'en sourire; vous êtes libres aussi d'en pleurer. *La Parisienne* est une sorte de Vaudeville atroce qu'un rien — un billet oublié sur une table ou une porte brusquement ouverte — pourrait changer en drame. *Les Corbeaux* (à l'inverse des pièces de Dumas et de son école) nous offrent un drame qui finit presque en comédie.

Ce serait l'instant de flétrir M. Becque au nom de la morale, mais il ne faut pas compter sur moi pour cette besogne. Le mariage, tel que nous le voyons, déformé et corrompu par la vie moderne, me paraît presque aussi méprisable que l'adultère. Rendez-lui sa sincérité, sa beauté, sa sublimité première et je serai un de ses plus énergiques partisans. Faussée, avilie par mille abjects compromis, notre morale n'est peut-être plus bonne qu'à l'ignominieux usage qu'en font Clotilde et Lafont. Pour moi, je ne dépenserais pas la millième partie d'une goutte d'encre à la défendre, non plus que la société malpropre qui est bâtie dessus.

Reste la question d'art. A mon avis, M. Becque n'a pas rompu avec les conventions et avec les petits moyens aussi radicalement qu'il le dit et qu'on le croit. Prenez pour exemple *les Corbeaux*. Je pourrais taquiner M. Becque à propos de certain épisode qui forme, dans un coin de cette œuvre toute réaliste, un mélodrame genre Ambigu, une réminiscence du malencontreux *Michel Pauper*. J'aime mieux attaquer l'œuvre de front et au nom des principes mêmes de M. Becque, principes dont je reconnais, jusqu'à un certain point, la justesse, la fécondité et la force. Quatre femmes, ai-je dit, sont emprisonnées dans un cercle d'où nulle issue n'est possible, seules avec les oiseaux de proie. Pas d'homme pour les défendre. Pourquoi? Parce qu'il a plu à M. Becque d'envoyer le fils au régiment; parce qu'il lui a plu aussi de faire du fiancé d'une des jeunes filles un misérable lâche. A défaut de ces secours naturels, le salut pourrait surgir d'un autre incident. Que Marie plaise à un autre homme, que le terrain dont on me parle tant, séduise un autre spéculateur qui mette une surenchère, et voilà les corbeaux obligés de s'envoler sans leur dîner! Les dieux ne viennent pas toujours, mais enfin ils viennent quelquefois. En tout cas la vie ne cesse de faire des diversions qui croisent tous les projets, ceux des coquins comme ceux des honnêtes gens. M. Becque suspend le cours des événements pour laisser le champ libre au déploiement de ses caractères. C'est son droit d'auteur dramatique. Tout ce que je voulais prouver, c'est qu'il fait subir, lui aussi, une certaine préparation culinaire à la fameuse tranche saignante de vie pour nous la faire avaler et digérer.

Malgré tout, il y a assez de nouveau et d'osé dans le système et dans le théâtre d'Henry Becque pour qu'on puisse dire qu'il a créé quelque chose. Il est vraiment le père de son enfant et, comme dit Musset,

C'est déjà bien joli quand on en a fait un.

J'aurais souhaité seulement que le baby eût reçu, sur les fonts baptismaux, un nom plus flatteur. On a donné — après coup — à *la Parisienne* et à toutes les pièces de cette école le nom de *Comédie rosse*.

Le mot « rosse » est d'origine espagnole ; il a pris, en passant les Pyrénées, un sens défavorable et injurieux, comme presque tous les mots qui changent de nationalité, témoignant ainsi de ce stupide mépris que les peuples entretiennent les uns pour les autres. Peut-être aussi le nom du cheval de Don Quichotte a-t-il été pour quelque chose dans cette défaveur attachée à l'expression française. Toujours est-il qu'une rosse est un mauvais cheval et que, ainsi entendu, le mot a eu entrée, dès le XVIIe siècle, dans la langue littéraire, puisqu'il me revient à la fois en mémoire un vers de Scarron et un vers de Boileau qui le contiennent. C'est dans ce siècle qu'on a commencé à l'appliquer à certaines femmes. Insulte ignoble qui a dû venir d'abord sur les lèvres d'un valet d'écurie brouillé avec sa gueuse. Puis elle a remonté du cabaret au fumoir. Il y a des moments où l'homme soi-disant bien élevé se comporte comme un cocher ivre. Il ramasse des mots qui sentent l'égout ou le charnier ; il les jette au visage de la femme qu'il n'aime plus, pour se venger de l'avoir aimée. *Avant* elle possédait tous les charmes ; *après* elle a tous les vices. Elle ment, elle trompe, elle n'a pas de cœur ; c'est « une rosse » ou elle est rosse, car le mot est à la fois substantif et adjectif. Il ne lui restait plus, à ce triste mot, qu'à devenir un genre littéraire ; il l'est devenu. La Comédie rosse n'est pas celle où l'héroïne joue un vilain rôle. La *rosserie* s'étend à tous les personnages. Elle consiste précisément dans l'inconscience. La rosserie est une sorte d'ingénuité vicieuse, l'état d'âme des gens qui n'ont jamais eu de sens moral et qui vivent dans l'impureté ou dans l'injustice comme le poisson dans l'eau ; une quiétude enfantine et paradisiaque dans la corruption, à travers laquelle on pressent une sorte d'âge d'or à rebours où tous nos principes auraient la tête en bas et où, comme dit le Satan de Milton, le mal serait le bien. Ce règne du mal s'est établi sans heurt, sans révolution, sans changement apparent dans les rapports familiaux et sociaux ou dans le langage usuel, par une lente déformation des idées morales qui en sont venues à couvrir et à protéger tous les crimes contre lesquels elles ont été d'abord formulées. Figurez-vous une société qui a toujours le décalogue pour code et qui est gouvernée par les sept péchés capitaux.

Je viens de dire que nous avions un genre

rosse dans notre littérature. J'aurais dû dire que nous en avions deux. Je crois même que la chanson rosse a précédé la comédie rosse.

C'est Yvette Guilbert qui est devenue sa principale interprète, mais elle est née au *Chat noir*. Ce fameux Chat noir qui a fini par être éclipsé par ses nombreux imitateurs, mais qui a soutenu sa gloire pendant plus de dix ans, n'était au début qu'un cabaret de Montmartre où les poètes et les peintres du quartier se donnaient rendez-vous. Ils formaient une bohème plus aimable et mieux élevée que n'avait été l'ancienne, moins occupée de casser les vitres et d'attacher des chats par la queue aux cordons de sonnettes, moins éprise de brutales équipées nocturnes, mais plus révolutionnaire en art et en littérature que la bohème de Mürger et de Champfleury. Sur la porte on lisait cette inscription significative : « Passant, sois moderne. » A peine entrés, le propriétaire du lieu, Rodolphe Salis, l'homme aux grands mots et aux grands gestes, bombardait les visiteurs de distinction avec des phrases stupéfiantes comme celle-ci : « Montmartre, cette mamelle nourricière, est fier d'abriter dans ses flancs le cerveau de Paris. »

On s'asseyait : des garçons habillés en membres de l'Institut s'empressaient à servir les nouveaux venus. Cette prostitution de la vénérable défroque académique, brodée d'estragon, disait assez en quel mépris on tenait l'art classique, l'art *poncif*, l'art « *pompier* ». Sans qu'on y pensât, le *Chat noir* était devenu un théâtre, où tous les habitués collaboraient de leur personne et de leur esprit. Les gens du monde se hâtèrent d'accourir à ces curieux spectacles; tout Paris y passa. On entendait Meusy, Émile Goudeau, Mac Nab, Jean Rameau, chanter les chansons qu'ils avaient faites; refrains de bébés, chants militaires, odes néogrecques, idylles de barrière où, sous le débraillé et la veulerie apparente, se cachaient d'incroyables raffinements de virtuosité. Puis c'étaient les Ombres Chinoises de Caran d'Ache. Dans un rond lumineux de quelques pouces de diamètre, avec des silhouettes de fer-blanc découpé qui se mouvaient derrière un morceau de calico, il faisait défiler au galop l'épopée impériale. Un autre jour c'était la *Tentation de Saint Antoine*, immense drame comique et philosophique d'après Flaubert, qui embrassait toute la vie moderne. Et, devant ces ombres suggestives, Jules

Lemaître pensait à celles de la caverne de Platon.

Un autre soir encore, Willette, le Watteau de Montmartre, mais un Watteau qui n'achevait pas ses dessins pour conserver à ses figures le *flou*, l'indécis du rêve, conviait les amis du Chat noir à une pantomime funambulesque où son bien-aimé Pierrot se révélait sous les plus étranges aspects. Auprès de lui apparaissait, dans Colombine, un type nouveau de Parisienne qui allait détrôner la Parisienne de Grévin comme celle-ci avait fait oublier la Parisienne de Marcellin qui, elle-même, remplaçait la Parisienne de Gavarni et de Tony Johannot. Un visage pâlot un peu chétif, d'une grâce humble et cajoleuse, moitié moqueuse et moitié triste, avec des cheveux dans les yeux, des bras d'une maigreur exquise, des jambes chaussées de soie noire et de mignons petits souliers, qui montent comme des fusées et qui s'enlèvent dans un ouragan de batiste et de dentelle : les fameux *dessous* qui tiennent aujourd'hui tant de place dans les rêveries des célibataires et dans le budget des hommes mariés.

Tinchant, le pianiste poète, composait l'orchestre. Rodolphe Salis expliquait les tableaux qui passaient dans un style charentonesque. L'image, la musique, la parole s'aidaient et se complétaient l'une l'autre.

Que de railleries suggestives, que de nouveautés entrevues, que de théories ébauchées dans ces premières soirées du *Chat noir*! Le moment semblait venu de s'attaquer aux besognes sérieuses. C'est ce qu'on essaya de faire au Théâtre-Libre.

III

Le Théâtre-Libre.

Par une froide soirée d'octobre 1887, quelques fiacres, venant du centre de Paris, gravissent péniblement les rues qui conduisent à Montmartre. Des hommes, soigneusement boutonnés dans leurs paletots, cherchent leur route et s'engagent en hésitant, dans une ruelle escarpée, boueuse plus que sobrement éclairée. A droite et à gauche des masures; au fond un vague escalier. C'était là. Ces fiacres amenaient des gens du monde enragés de primeurs littéraires. Ces hommes boutonnés étaient des critiques qui venaient adorer — ou conspuer — l'Art naissant dans sa crèche. A défaut de l'étoile, les mages en paletot étaient réduits à demander leur chemin au marchand de vin de la place Pigalle, comme fit M. Jules Lemaître qui a fixé pour l'histoire littéraire le souvenir de cette soirée et les émotions du voyage. Veut-on de la précision? Cette ruelle douteuse s'appelait d'un nom sonore : le passage de l'Élysée des Beaux-Arts et c'est au n° 37 que gîtait, cette nuit-là, le Théâtre-Libre.

Un mot ou deux sur l'organisation matérielle. Les spectateurs du Théâtre-Libre étaient des souscripteurs à la saison; ils étaient chez eux, à peu près comme les membres d'un club. Du moment qu'on ne prenait point d'argent à la porte, ce lieu échappait aux règlements qui régissent les endroits publics. Légalement, le Théâtre-Libre n'était pas un théâtre : il avait donc le droit de se moquer de la censure. D'autre part, aucune pièce ne devant être jouée plus de trois fois, on ne se donnait nulle peine pour plaire à la foule. Pourvu qu'on servît du neuf, de l'inédit, de l'étrange aux quelques centaines de badauds riches dont la curiosité alimentait l'entreprise, tout était bien. Dans ces conditions, on pouvait, on devait oser. L'inconvénient, qu'on n'avait pas prévu et qui se révéla à la longue, c'est que cette salle pleine d'amis ou d'ennemis, d'initiés ou de moqueurs, donnait rarement un verdict franc et spontané. Il n'y a encore et il n'y aura jamais de vrai succès sinon celui qui est constaté par les gros sous du gros public. Mais on ne s'en avisa que plus tard.

Le directeur du Théâtre-Libre était un acteur peu connu qui allait mettre son nom sur les lèvres de tout Paris. Plus que brusque dans ses manières et dans son langage, violemment autoritaire, *mauvais coucheur*, comme s'en sont vite aperçus ceux qui ont eu à faire lit commun avec lui, Antoine possédait cette dose de confiance en soi et de mépris pour ses devanciers qui est, paraît-il, la qualité primordiale d'un novateur. Que se proposait-il? D'abord de renverser les traditions en matière de jeu et de mise en scène. Pour lui la scène était, d'après une définition d'Ibsen, une chambre dont on a abattu une paroi pour permettre aux spectateurs de voir ce qui s'y passe. Il suit de là que toutes les actions ne peuvent s'accomplir en faisant face au public. Il arrivait très souvent à Antoine de tourner le dos à la salle. On a beaucoup ri de ce dos tourné. Pour un grand nombre de spirituels Parisiens, le dos d'Antoine, c'était tout le théâtre libre. Après tout, ce dos jouait à sa manière et il était très significatif dans certaines situations. La leçon n'a pas été perdue pour ce monde artiste, si prompt à comprendre et à imiter. Sur ce point comme sur quelques autres, Antoine a eu pour disciples, inavoués ou inconscients, des acteurs bien supérieurs à lui qui ont profité tout doucement de l'exemple, en atténuant le détail provocant et agressif.

Le talent d'Antoine consistait non à étudier l'art de lancer une phrase à effet, comme avaient fait les Samson et les Régnier, mais à chercher le trait dominant qui faisait l'unité d'un caractère humain. Par exemple, un des péchés capitaux, un de ceux, du moins, qui sont scéniques : l'avarice, l'orgueil, la luxure, l'égoïsme; pardessus tout, l'amour de la vie et la peur de mourir. Une fois ce trait bien saisi, toutes les paroles, tous les mouvements, tous les regards devaient le traduire sous une forme sensible. Un tel jeu, par sa continuité et son intensité, donnait une impression si forte qu'elle suppléait à toutes les explications dont le théâtre de Dumas et d'Augier avait été prodigue. Voir, c'est quelquefois plus que comprendre. Ceux qui ont vu Antoine dans le rôle de Morel, d'*Esther Brandès* (par Léon Hennique), s'en souviennent avec un frisson. Dès la première scène nous étions avertis que l'homme ne pouvait vivre, que sa maladie consistait dans une pétrification progressive du cœur, que l'issue fatale était inévitable mais qu'elle pouvait être amenée prématurément par une émotion violente. Impossible, en regardant Antoine, d'oublier un seul instant ce cœur changé en pierre, ou d'écarter l'angoisse, la menace de l'émotion meurtrière suspendue comme la guillotine au-dessus de ce condamné. On voyait le malade luttant contre la souffrance physique ou lui cédant d'une façon abjecte, avec des alternatives de confiance et d'amertume, de rage et d'attendrissement, de molle tendresse et de féroce égoïsme, avec ses calmes voulus, ses fausses résignations et ses illusions sincères, tout son être moral déformé, rétréci, rapetissé par l'approche et la peur de la mort. C'est à la suite d'une soirée comme celle-là que M. Émile Faguet, alors critique dramatique au *Soleil*, écrivit qu'il y avait « des parties naissantes de grand acteur » dans M. Antoine.

Autour de lui, se démenait une troupe d'écoliers et d'écolières, mais la forte personnalité d'Antoine les animait. Le sentiment d'une cause à servir, d'une campagne systématiquement conduite, c'est-à-dire d'une série de batailles à livrer sur un terrain choisi d'avance et sous les yeux d'une élite, donnait à leur jeu — c'est le même critique qui nous l'assure — quelque chose « d'ardent et de concentré » qu'on n'aurait jamais rencontré ailleurs.

Avec ces éléments qu'allait-on tenter ? Antoine avait un programme parfaitement défini. Il savait bien ce qu'il voulait, mieux encore ce qu'il ne voulait pas. Rien de plus explicite et de plus précieux, pour nous faire connaître à la fois ses sympathies et ses répugnances qu'une lettre écrite par lui en 1894, à M. Camille Fabre. Il recevait avec enthousiasme un manuscrit apporté par ce jeune auteur qu'il déclarait « un des esprits les mieux doués et les mieux pondérés de ce temps ». Il y avait longtemps, lui disait-il, qu'il n'avait eu « à se mettre sous la dent un morceau aussi complet ». Cependant il faisait des réserves, prévoyait « les objections que ne manqueraient pas de faire les critiques d'avant-garde ». Il caractérisait la manière de M. Fabre d'une façon et dans des termes qui le peignent lui-même : « Vous procédez simplement de Becque et vous empâtez votre conception éminemment curieuse dans la vieille forme de Dumas et de Sardou. Il y a un bout de thèse dans votre premier acte et vous empruntez à l'auteur de *la Haine*, peut-être sans le savoir, les deux actions parallèles. » Mais Antoine louait sans restriction « la fermeté et le dessin des figures et des caractères ». Il n'est pas inutile d'ajouter que ce « morceau si complet » qu'Antoine était si heureux de « se mettre sous la dent », il ne le joua jamais. Pourtant la pièce reste et la lettre aussi. Elle est le *Syllabus* du Théâtre-Libre dans sa première phase. Avant tout, pas de compromis avec l'école de la « scène bien faite », de la pièce à explications et à progression. Pas de sous-intrigue, pas de thèse, pas de contrastes, pas de leçon; mais une réalité implacable et une unité féroce. Le théâtre n'est qu'un défilé de types humains, une galerie de portraits qui marchent. Quant aux situations, pourquoi s'en inquiéter? Elles naissent toutes seules des circonstances les plus ordinaires de la vie, des relations que soutiennent entre eux les membres d'une même famille. Un mariage, une succession, une faillite, l'adultère le plus vulgaire, c'est assez. La vie nous offre ces aventures à chaque pas, mais le théâtre jusqu'ici nous les a présentées sous le jour le plus faux, parce que le théâtre a *cherché midi à quatorze heures* en travaillant à faire la chose impossible, c'est-à-dire à « créer » des situations.

J'ai reconstitué en grande partie le répertoire du Théâtre-Libre. J'ai réuni une soixantaine de pièces dont une bonne moitié appartient à l'école d'Henry Becque, c'est-à-dire à l'école naturaliste modifiée selon les besoins du théâtre. Parmi les auteurs les plus distingués du groupe, il faut mettre au premier rang Jean Jullien, Pierre Wolff, Léon Hennique, George Ancey, Brieux et Camille Fabre (car M. Antoine le consola de sa première déconvenue en jouant de lui une pièce très remarquable, *l'Argent*). Ces auteurs ne formaient peut-être pas un cénacle comme les romantiques de la Place Royale. Peut-être même ne se connaissaient-ils pas entre eux, mais ils respiraient le même atmosphère, se nourrissaient des mêmes idées, et, marchant vers le même point de l'horizon littéraire, buvaient en route aux mêmes sources. L'air de famille est tel entre leurs pièces, l'intention, le système commun y est tellement visible, qu'elles semblent se continuer les unes les autres. Tel trait, indiqué, ébauché dans un premier drame, se complète et se rectifie dans un second et je ne crois pas que j'aurai trop de peine à analyser ce théâtre en bloc, comme j'analyserais une pièce unique, en empruntant, çà et là, un détail, un caractère, un morceau de scène, un mot, aux ouvrages les plus saillants de l'école et de la période. J'entends ceux où il y a sincère effort vers le mieux ou vers le nouveau. J'écarte les œuvres informes qui ne sont que d'impudents défis aux honnêtes gens.

La première surprise qui vous attend lorsque vous pénétrez dans ce répertoire, c'est l'absence de l'exposition. Pas d'exposition! Quelle lacune, quel deuil pour un dramatiste nourri dans l'école de Scribe! L'exposition ne servait pas seulement à faire connaître la situation initiale — une scène aurait suffi, — mais à poser les caractères et à les poser de telle sorte qu'il n'y eût plus à y revenir et que toute la pièce s'ensuivît, comme, dans un syllogisme, la conclusion sort toute seule du rapprochement de la majeure et de la mineure. On dépensait à cette exposition tout ce qu'on avait d'esprit et de talent; on lui abandonnait tout le premier acte, quelquefois le second et le troisième. L'exposition contient la pièce, en germe; elle l'annonce et la raconte à la façon du prologue antique. Souvent elle vaut mieux que la pièce, de même que le boniment de la porte vaut mieux que le spectacle qu'on donne dans les baraques de la foire.

Rien de pareil dans le Théâtre-Libre. Je prends pour exemple *la Sérénade*, de Jean Jullien. Lorsque la femme d'un horloger-bijoutier, assise dans son comptoir, nous déclare qu'elle est « assoiffée d'idéal » et qu'il lui faut « l'amour d'un poète »; quand nous voyons que ce poète est un *pion* prétentieux qui fait apprendre les déclinaisons à son petit garçon, nous nous croyons partis pour un vaudeville et nous sommes persuadés que l'ombre de Labiche nous protège. A l'acte suivant nous nageons en plein drame et quel drame! Cela va jusqu'à l'inceste et nous nous demandons par quelle tuerie universelle l'auteur va s'en tirer. Mais, au moment où nous commençons à prendre ces bijoutiers au tragique comme si c'étaient des Atrides ou des Labdacides, les voilà qui se ressaisissent, calculent, raisonnent leur affaire et, finalement, se réconcilient. La mère coupable marie son amant avec sa fille et on boit du champagne au bonheur des futurs époux. Nous retombons ainsi dans la farce et de la chute la plus lamentable qui se puisse voir.

Même surprise dans *la Dupe*, de M. George Ancey, mais elle est ménagée avec plus d'art et l'intention de se moquer de nous est moins visible. Nous assistons d'abord à ce qu'on appelle, en argot matrimonial, une *entrevue*, c'est-à-dire à une de ces rencontres que les experts en ces sortes de choses savent arranger entre une jeune fille qui cherche un mari et un jeune homme qui cherche une dot. Albert Bonnel débite toutes les niaiseries d'usage et nous comprenons très bien que la pauvre fille le prenne en grippe. Il ne manque pas une seule des sottises auxquelles peut donner lieu une telle conversation : « Nous avons un froid vraiment anormal. *Je ne sais pas si cela va durer.* » D'après l'ancienne logique théâtrale, l'homme qui s'adressait une question comme celle-là était invariablement un bon garçon. Une fois marié, personne n'avait de doute sur le sort qui l'attendait. Avec M. George Ancey, les probabilités sont renversées. Au second acte nous trouvons Adèle mariée à Albert. C'est elle qui est folle de lui et lui qui la trompe. Ce diseur de platitudes solennelles se trouve être un monstre; et ce monstre est gai, bavard, farceur. Il chatouille sa belle-mère et la fait rire aux larmes avant de lui prendre son argent. Et nous qui l'avions pris pour un honnête imbécile!

Je suis donc étonné, mais pas trop mécontent, car, enfin, l'étonnement est la moitié du plaisir qu'on prend au théâtre et je suis, avec tous mes contemporains, las de ces pièces trop logiques où tout est prévu depuis la première scène et dont l'action glisse sur des rails comme un tramway.

On sait que les Français ont poussé quelquefois la distinction de la tragédie et de la comédie jusqu'à une rigueur que les Grecs n'auraient pas comprise et que les Anglais n'ont jamais connue. Cette distinction a disparu dans notre siècle et j'ai montré le drame succédant à la comédie dans les pièces mixtes de Dumas et d'Augier. Mais il en est de cette poétique théâtrale comme du proverbe gastronomique allemand qui, permet le vin après la bière, mais défend la bière après le vin. De même les deux éléments devaient alterner dans un ordre invariable. Ce qui appartient en propre aux auteurs du Théâtre-Libre, c'est, comme on vient de le voir, d'avoir interverti cet ordre, mais c'est aussi et surtout, le mélange du comique et du dramatique dans un même caractère; c'est le coquin risible et l'imbécile tragique; c'est la conception du ridicule passager substituée à celle du ridicule permanent. Le même individu nous fait rire après nous avoir fait trembler, puis nous fait rire de nouveau. Il passe d'une phase à une autre tout en restant identique à lui-même, traverse le grotesque pour rentrer dans le terrible et réciproquement. Cela ne s'était encore vu sur aucune scène, sauf dans Guignol et dans Shakespeare, les deux seuls théâtres vraiment complets et compréhensifs que nous possédions. Il n'y a que les enfants et les philosophes que les mêmes choses et les mêmes hommes fassent rire et pleurer.

Ceux qui liront *la Dupe* de M. George Ancey y trouveront un bon spécimen de l'art naturaliste, suivant l'évangile d'Henry Becque. Ils ne pourront s'empêcher de trouver une certaine puissance dans le dessin fantasque et compliqué de ce personnage qui pose devant ses victimes et prétend être admiré d'elles, qui entend mettre ses vices à l'aise et s'épargner non la honte, mais la fatigue de mentir. Il se plaint à sa femme des extravagances de sa maîtresse comme il se plaint à sa maîtresse des exigences de sa femme. Bonhomme, placide, le calembour et la chanson aux lèvres tant qu'on lui donne de l'argent, il devient atroce dès qu'on lui en refuse. Et alors quels mots de rage et de haine il trouve, combien bas et venimeux, et blessants! C'est vraiment la bête humaine qui est lâchée. Je crois ce type vrai, j'ai même le regret de dire que je le crois commun. Que d'intérieurs, presque heureux en apparence, cachent des dégradations et des douleurs semblables!

Mais tous les auteurs du Théâtre-Libre sont loin de dessiner leurs personnages d'un trait aussi net, aussi franc que M. George Ancey. Beaucoup n'ont pas ce don ou se refusent le droit d'en user. Ainsi dans *Esther Brandès*, de M. Léon Hennique. Cela, c'est la pièce énigme. J'ai déjà nommé cette œuvre où des intrigues d'amour et d'intérêt s'agitent autour d'un mourant. Au milieu de tout cela est plantée une froide et mystérieuse vieille fille qui a sans cesse son tricot ou sa broderie à la main. Elle voit tout, surveille tout, conduit tout et ne dit pas sa pensée. Que veut-elle? Sauver sa jeune sœur ou la perdre? La protéger contre ses propres entraînements ou lui voler son amant? A la dernière minute je comprends qu'elle a tué son beau-frère par une émotion soudaine afin de l'empêcher de léguer cent mille francs à un étranger, mais je ne vois pas bien pour le compte de qui elle travaille et je ne saurais dire si elle a été, en somme, le bon ou le mauvais génie de la famille. Si je me plaignais de ce doute à l'auteur il me répondrait, probablement, que c'est ainsi parce que c'est ainsi et que je n'ai droit à aucune explication. La vie est ce qu'elle peut : elle n'a pas à se justifier d'être ce qu'elle est.

M. Jullien va plus loin dans *la Sérénade*. Le misérable qui séduit Mme Cottin et sa fille est une nullité parfaite, un modèle de banalité, je dirais presque de vulgaire convenance. Tout ce que nous remarquons chez lui c'est un langage légèrement fleuri, un mélange discret du roman à beaux sentiments et du corrigé de versions latines. Le héros de *la Dupe* était quelqu'un : celui-ci n'est personne. Nous étions habitués à l'idée qu'un grand coupable est « un caractère » : nous avons de la peine à nous défaire de cette notion. Il le

8.

faut pourtant. Le théâtre de Dumas et d'Augier était d'accord — je l'ai expliqué — avec la philosophie de Cousin. Le théâtre de Becque et de ses disciples essaie de se mettre d'accord avec la philosophie de Taine et avec l'évolutionnisme. C'est la disparition de la personne humaine ; c'est la fin du *moi*, réabsorbé par le *non-moi*.

Bien entendu je parle de la personne considérée comme causalité indépendante et comme agent libre ; je parle du moi qui veut, non du moi qui sent. Celui-ci réside à l'épiderme et l'égoïsme, tout animal, qui en est la résultante et l'expression, s'affirme effrontément dans les pièces du Théâtre-Libre. Vous l'y entendez faire explosion comme vous entendez crier votre chien quand on a marché sur sa patte ou votre chatte lorsqu'elle va à un rendez-vous sur les toits.

Il faut ajouter que le Théâtre-Libre peint d'une façon presque exclusive la classe qui passe pour la plus égoïste, la petite bourgeoisie. Aucun trait n'indique si nous sommes à Paris ou en province. Cette idolâtrie que professait la littérature d'il y a trente ans pour la civilisation boulevardière est un trait absolument inconnu des Jeunes. Paris est pour eux un immense tas de maisons où il y a beaucoup d'églises, de banques, de collèges et de cafés; le boulevard est redevenu une rue plantée d'arbres, trop éclairée, et où l'on s'écrase. En tant que symbole, le boulevard a vécu. Les personnages du Théâtre-Libre sont ou de véritables provinciaux ou les provinciaux de Paris. Ils se tuent à travailler pendant toute leur vie pour amasser quelques pièces de cent sous. Leur rêve est d'acheter une campagne, quelque hideuse bâtisse, parodie de château gothique ou de pagode chinoise, surmontée d'un belvédère en verres de couleur d'où l'on a « une belle vue » sur des champs de betteraves et des jardins de cabarets. Ils iront, le dimanche, y jouer au tonneau en manches de chemise, pendant que le sifflet du chemin de fer coupe en deux un air de *Lakmé*, écorché par leur fille.

.. Dans *Ménages d'artistes* — dont l'auteur est M. Brieux, — je vois clairement que le bohème littéraire, en dépit de ses aspirations vers une vie supérieure et vers un idéal d'indépendance, appartient, au moins par sa femme, à ce petit monde besogneux et prosaïque. Ces gens confinaient au peuple, ils en faisaient partie hier, eux ou leurs parents. Ils en gardent le langage et les sentiments, même après fortune faite. M. Albert Bonnel est directeur d'une compagnie d'assurances aux appointements de trente mille francs par an. Mais, lorsqu'il insulte et frappe sa femme, après l'avoir trahie et ruinée, en quoi diffère-t-il de l'ouvrier qui en fait autant lorsqu'il rentre saoul dans son ménage le lundi soir?

Ce qui maintient l'équilibre entre les extrêmes fractions de cette classe, c'est que les uns redescendent par leur propre poids, qui est la lourdeur native de leur nature et l'incurable grossièreté de leurs désirs, tandis que les autres sont poussés sans trêve par une inapaisable ambition de monter. Jamais cette ambition, propre à notre âge démocratique, n'a été mieux peinte que dans *Blanchette*, une autre pièce de M. Brieux qui renferme des parties de chef-d'œuvre.

Blanchette est la fille d'un cabaretier de village. Elle a été élevée dans un pensionnat, avec des « demoiselles », des filles de bourgeois. Elle a passé son examen d'institutrice et pris son brevet. Ce morceau de papier officiel, le père Roussel l'a fait encadrer et placé dans l'endroit le plus apparent de son cabaret. Il force tous ceux qui y entrent à venir admirer ce parchemin magique.

Quant à sa fille, il a pour elle un respect qui va jusqu'à l'adoration. Elle comprend tout, elle sait tout ; elle peut donner des leçons à tout le monde ; le maître d'école lui-même n'oserait pas discuter avec elle. Mais lorsque le père Rousset s'aperçoit que la place à laquelle, selon lui, le fameux diplôme donnait droit, se fera attendre bien longtemps, si elle vient jamais, il se retourne brusquement et tout d'une pièce, avec l'aveugle fureur du sauvage qui insulte et brise son fétiche s'il ne lui a pas envoyé la pluie ou le beau temps suivant son désir. Avec sa fille il sera aussi dur et aussi brutal qu'il a été respectueux et admiratif. « Ah ! fainéante, bonne à rien, tu vas servir les pratiques, et plus vite que ça ! » Elle résiste et il la chasse. La voilà livrée à tous les hasards, à toutes les tentations, à toutes les angoisses. Une déclassée de plus dans les rues de Paris qui sera obligée de demander son pain à l'amour, puisque son diplôme ne la nourrit pas. Pourtant tous ces gens-là ne sont pas méchants. Et ici apparaît une des idées morales qui sont l'âme de ce théâtre : le destin et la société sont seuls responsables des fautes individuelles. Ainsi dans toutes les œuvres sérieuses du même temps et du même groupe. On sent un monde qui se réveille effaré, dans la nuit, pour s'apercevoir que les piliers sur lesquels il repose sont pourris et vont être emportés par une inondation souterraine. Tous nos principes sont faussés, nos institutions perverties, nos idées en quelque sorte tordues. Notre morale, publique et privée, a fait un tour complet et en est venue à justifier, à couvrir toutes les injustices et les ignominies qu'elle devait flétrir.

Nous sommes placés entre la règle du bien et l'exemple du mal. Notre père nous dit : « Respecte le bien d'autrui » et il vole sans cesse. Notre mère nous commande de dire la vérité et elle ment du matin au soir. Peu à peu cette tricherie et ce mensonge nous pénètrent. A toute heure nous parlons raison, vertu, pitié, mais nous n'avons dans le cœur que de lâches et sordides intérêts. Savez-vous pourquoi Mme Viot, au premier acte de *la Dupe*, a décidé de marier sa fille à Albert Bonnet et pourquoi elle est si pressée d'exécuter ce mariage? Ne vous arrêtez pas, je vous en prie, à toutes les considérations graves ou sentimentales, spécieuses ou touchantes, qu'elle fait défiler devant nous. La vraie raison est celle-ci. Elle a loué un appartement pour elle seule et elle veut céder sa fin de bail à son futur gendre. Pour qu'elle ne perde rien, il est indispensable que le mariage ait lieu avant le terme d'avril. Il faudrait bien peu connaître la petite bourgeoisie française pour nier la possibilité, la vraisemblance d'une telle combinaison. Ce n'est qu'un menu incident et un incident comique, mais tout le malheur d'une vie en résulte. « La famille, c'est l'argent », dit un personnage de la pièce que M. Fabre a fait jouer au Théâtre-Libre précisément sous ce titre *l'Argent*. On y voit les membres d'une même famille évoluant autour du chef qui fait son testament. L'intérêt les sépare, les coalise, les divise encore et les rapproche de nouveau. Ils ne s'avouent pas leur coquinerie à eux-mêmes par l'excellente raison qu'ils l'ignorent. Aussi ne diront-ils point comme le Narcisse de Racine :

... Pour nous rendre heureux perdons les misérables!

Jamais personne n'a dit cela, pas même Narcisse, et nous avons été bien naïfs d'ad 'rer si longtemps une telle psychologie. Les membres de la famille Reynard ne sont ni des cyniques proprement dits ni de véritables hypocrites. Mme Reynard, qui a un amant depuis quinze ans, a la conscience endurcie sur ce point par l'ancienneté de la chose. Sa fille Mathilde, qui est sur le point d'en prendre un, n'en est pas moins indignée de la faute maternelle. Roux, le mari de Mathilde, qui la pousse à se faire la dénonciatrice de sa mère, se croit le plus brave garçon de la terre. Lorsqu'il a obtenu l'infamie en question, il embrasse tendrement Mathilde : « Chère petite femme, comme tu es gentille! » Puis, après avoir démoli sa belle-mère, il s'aperçoit que son intérêt est de la remettre sur ses pieds. Ce qu'il fait, mais en se ménageant, au moyen d'une donation révocable, la faculté de lui retirer toutes les concessions qu'il lui a faites. Aucun étalage de mauvais sentiments. Ce sont les précautions qu'un homme avisé prend pour l'avenir : rien de plus. Ses considérations sur la respectabilité mondaine, sur le bonheur de vivre unis et sur les devoirs qu'impose la religion sont honnêtes et plausibles. Vous en diriez autant en pareil cas. La famille est presque aux genoux de la femme adultère pour la supplier de rester dans ce foyer qu'elle a souillé, mais que seule, maintenant, elle peut sauver de la ruine. Elle fait ses conditions : on les subit avec la ferme résolution de les violer.

Ces êtres qui se sont injuriés, volés, trahis et dont le cœur est plein de mauvaises pensées à l'égard les uns des autres, vont recommencer à vivre côte à côte. Une misérable somme de deux mille francs rallume la querelle éteinte. Sur ces entrefaites, on annonce le déjeuner : « Allons nous mettre à table, dit le père, nous reparlerons de cela après le déjeuner. » Et c'est la fin. On pressent qu'ils resteront rivés ensemble, dans l'éternelle méfiance et l'éternelle dispute. Ce qu'ils étaient hier, ils le seront demain.

Tels sont, avec quelques exemples à l'appui, les principaux articles qui formaient le credo de l'école. Les auteurs étaient jeunes ; quelques-uns avaient du talent ; beaucoup étaient sincères dans leur horreur pour l'art de la génération précédente. Sur un grand nombre de points ils avaient raison contre les disciples de Dumas et d'Augier. Leur philosophie était solide et compacte ; leur conception de la vie et de la société cruelle mais juste. Pourtant cette école a échoué et, après quelques moments de courte et orageuse notoriété, elle est tombée dans le discrédit, presque dans l'oubli avant même que le Théâtre-Libre eût fermé ses portes. Ses principaux coryphées ont disparu ou se sont convertis à un autre style. Les morts vont vite, surtout depuis quelques années, et il pousse des ronces sur la tombe du naturalisme dramatique.

Cet échec est dû, en premier lieu, à ce que M. Brunetière a appelé la banqueroute du Naturalisme dans le roman. Banqueroute paraîtrait un mot bien sévère si l'on ne se rappelait les orgueilleuses espérances et les magnifiques promesses du début. Dix ans ont suffi à épuiser cette vogue qui semblait sans limites; dix autres années à disperser dans tous les sens l'école de Médan. Guy de Maupassant n'est plus; Huysmans s'est enfermé dans l'érudition et dans l'étude à la loupe de certains milieux spéciaux. Édouard Rod est aujourd'hui bien loin de son point de départ; le public refuse avec une obstination qui l'honore de lire les œuvres de Paul Alexis. M. Zola lui-même a beaucoup changé. Plus de la moitié des pages de *la Débâcle* et de *Rome* n'ont rien à voir avec le Naturalisme, si même elles n'en sont la négation.

Sous la forme particulière que lui avaient donnée les élèves de M. Becque, le Naturalisme du Théâtre-Libre, outre qu'il n'était plus porté par cette puissante marée qui venait du dehors, avait en lui des causes de faiblesse, des germes de dissolution. Après tout il n'est peut-être pas possible de faire des pièces sans situations, sans caractères et sans conclusion. Mais ce qui nuisit le plus au naturalisme théâtral, ce fut l'ineptie de ses partisans. Tous les critiques du temps nous les ont montrés insensibles aux intentions profondes, et aux traits de nature, guettant les gros mots pour les applaudir et les acclamer. Il n'y a pas d'art qui résiste à d'aussi stupides admirations et c'est déjà une honte que de les avoir méritées.

Si l'auteur — comme M. de Gramont dans *Rolande* — avait dressé l'image du Bien en opposition à celle du Mal, l'assistance lui faisait un froid accueil, et se pâmait de joie aux exhibitions scabreuses. Ses ricanements ôtaient toute amertume à la satire et faisaient un amusement impur de ce qui avait failli être un sermon.

Mais déjà, à la place de cette jeunesse qui avait fait son éducation littéraire et morale dans *Germinal* et dans *la Terre*, en venait une autre qui avait dévoré les livres de Bourget et les articles du Vicomte de Vogüé. Un mouvement de curiosité passionnée, analogue à celui qui avait poussé la France, en 1825, vers Gœthe et Byron, l'entraînait maintenant vers Tolstoï et Dostoïevsky, vers Ibsen et Björnson. Après les Russes, les Norvégiens; après les Norvégiens, les Allemands. Les femmes du monde où l'on s'ennuie se jetaient dans le mouvement; telle parlait de « se faire une âme norvégienne » qui, peut-être, n'avait pas d'âme du tout. D'autres voyaient l'avenir dans le symbolisme de Mæterlinck et demandaient à *l'Intruse* le même genre de frisson que leurs grands-pères avaient demandé aux *Nouvelles extraordinaires* d'Edgar Poë. Les admirateurs de Stendhal se séparaient du mouvement naturaliste et le roman psychologique triomphait sur toute la ligne. Le mysticisme, par une réaction facile à prévoir contre les excès du réalisme, reprenait tout doucement son empire. On se perdait dans cette région neutre et vague qui va de Charcot à Mme Blavatsky; on parlait hypnotisme, suggestion, télépathie, en attendant de parler miracles : ce qui ne pouvait tarder.

La société républicaine subissait une curieuse transformation. Ceux qui la conduisent n'ont pas tous eu des pères, mais ils ont presque tous des fils et des filles; ils commencent même à avoir des petits-enfants. C'est le moment dangereux. Lorsqu'ils les regardent avec complaisance, ils s'avisent que l'hérédité est une bonne chose. Demandez plutôt à Darwin ! Pendant ce temps leurs femmes ont soif de respectabilité et de chic, se rapprochent insensiblement de cette aristocratie de la naissance qui n'a rien perdu à la république mais qui y a gagné au contraire, car les vieux parchemins ont pris une grande valeur à la Foire aux Vanités depuis qu'on n'en fabrique plus de nouveaux. Une circonstance politique a favorisé cette tendance à la fusion des classes. Un pape très habile s'est aperçu que la solidarité du trône et de l'autel, profitable à tous deux lorsque l'un et l'autre se tenaient debout, devenait une duperie maintenant que l'autel était encore solide tandis que le trône gisait dans la poussière. Les vivants n'aiment pas qu'on les attache à des cadavres. Le souverain pontife a donc prestement coupé la corde. Les prêtres se sont portés médiateurs entre la classe aristocratique et la classe dirigeante. L'église a été le terrain neutre. On y est allé comme on va à l'Opéra-Comique pour les « entrevues » matrimoniales. La fille du gros bonnet républicain quête à côté d'une La Tremoille et son fils porte la dernière jaquette édictée par le prince de Sagan. C'est ce qu'on appelle « l'esprit nouveau », ou encore « le retour à la religion ».

Cette évolution a, comme toutes les évolutions, son contre-coup en littérature. Tandis que les églises donnent des spectacles, avec des chants d'opéra et des processions qui rappellent les défilés de *la Biche au bois*, les théâtres, et même les théâtres de la Foire, jouent des mystères imités d'Oberammergau. Ceux qui écrivent ces mystères, ceux qui les jouent et ceux qui les vont voir ne sont ni des parodistes ni des dévots. Ils sont aussi loin de Voltaire que de Veuillot. L'émotion religieuse est pour eux une sensation artistique comme une autre : ils la dégustent ou l'exploitent. Leur christianisme est un christianisme à la Baudelaire, que bercent les cloches et qu'assoupit l'encens; il ne voit dans la Madeleine qu'une « dame aux camélias » plus ou moins convertie, dont les cheveux d'or le font rêver et dont les larmes sont un voluptueux aiguillon. Toute notre société reste profondément sensuelle. Pratiquement, elle est plus païenne que la Rome de l'an 200 et quand Tolstoï lui présente l'idéal chrétien, dans sa sévérité farouche elle fuit d'horreur en demandant une douche, ou même la camisole de force pour celui qui l'a effrayée.

On a vu quelles étaient les idées d'Antoine en matière de littérature dramatique, combien arrêtées et exclusives. Il n'en ouvrait pas moins son théâtre aussi grand que possible à tous ces courants contradictoires, à tous ces souffles qui traversaient l'atmosphère et qui pouvaient faire éclore des germes. Traductions et pièces originales, vers et prose, symbolisme, exotisme, archaïsme, tout lui était bon. Il jouait les oubliés d'hier alternativement avec les célèbres de demain, même le vieux qui, à force d'être vieux, redevient neuf. C'est lui qui a fait connaître aux parisiens *la Puissance des Ténèbres* de Léon Tolstoï et *les Revenants* d'Ibsen. Il nous a donné *le Pain du Péché*, une savoureuse légende provençale d'Aubanel, traduite et dramatisée par Paul Arène; *la Reine Fiamette* de Catulle Mendès, un drame de fantaisie qui se donne des allures shakspeariennes, *Matapan*, par Émile Moreau, restitution ingénieuse et érudite du genre burlesque qui fut si cher à Théophile Gautier. Il n'a pas reculé devant l'extrême difficulté de mettre en scène ce panorama dramatique de la Révolution française, d'après les documents contemporains, que les Goncourt ont intitulé *la Patrie en danger*. Assurément ce n'est pas du théâtre et les héros du drame sont des nains perdus dans une toile immense comme ceux de *la Débâcle*. Mais il était bon que le public et la critique fussent mis à même d'en juger et, après tout, une simple tentative des Goncourt en apprend plus qu'un succès de Sardou. Le même soir, on a vu figurer sur l'affiche du Théâtre-Libre une comédie genre Musset, une fantaisie à la Banville et un drame historique (*la Mort du duc d'Enghien*, par Léon Hennique). En présence de menus aussi variés et, on peut le dire, aussi appétissants, la critique qui s'était gendarmée contre les *fumisteries lugubres* de M. Jullien et de M. Alexis, se laissa adoucir. Elle fut bien forcée d'avouer que, sans Antoine, elle n'aurait su avec quoi remplir son feuilleton. Les théâtres ordinaires jouaient éternellement les mêmes pièces, s'immobilisaient dans de prétendus succès. « Le seul théâtre qu'il y ait en ce moment à Paris, écrivait M. Faguet qui n'est pas suspect de tendresse envers les novateurs, c'est le Théâtre-

Libre ». Ce mot justifie, je crois, l'importance que j'ai cru devoir donner à M. Antoine.

J'ai parlé de l'école psychologique. Le talent le plus intéressant que cette école ait mis en lumière est celui de François de Curel. Le nom semble indiquer une vieille famille avec des attaches provinciales. Lorsqu'on lit ses œuvres, on croit deviner un esprit hautain, concentré, un peu sauvage, qui a passé les heures décisives de sa jeunesse partie dans un coin solitaire avec des primitifs, partie à Paris, dans l'extrême raffinement intellectuel. De ces contrastes résulte un état moral bizarre, compliqué, malaisé à déchiffrer, un talent âpre, dur, presque méchant, effrayant de calme et de sang-froid dans sa hardiesse et dans sa violence. Il y a peut-être un second fond au-dessous de celui-là et il est possible que M. de Curel cache sa sensibilité sous son ironie comme il cache son ironie sous la souple et délicate correction de sa phrase. S'il devient assez grand pour que le public lui demande sa confession et qu'il puisse la faire sans ridicule, ce sera une âme curieuse à connaître.

Les *Fossiles* ont été joués en novembre 1892

au Théâtre-Libre. Ce sombre drame, qui ne sourit pas un seul instant, au-dessus duquel la mort plane incessamment et où elle est, finalement, présente sous sa forme la plus lugubre et la plus solennelle, car le cinquième acte des *Fossiles* se joue devant un cadavre comme le premier acte de *Richard III*, pose et résout, à sa manière, la même question que cette joyeuse comédie, *le Gendre de M. Poirier* : Que sera la noblesse ancienne et quel rôle jouera-t-elle dans notre société moderne? Après un demi-siècle de démocratie, dont vingt ans de république, on pouvait, paraît-il, et on peut encore s'adresser cette question. J'ai fait entrevoir tout à l'heure quelques-unes des raisons qui lui rendent son actualité.

Le duc de Chautemelle, qui a passé sa vie sur ses terres à séduire des paysannes et à tuer des sangliers, n'a dans le cerveau qu'une seule idée, dans son code moral et dans son credo religieux qu'un seul article, la fierté de la race. L'idée a passé dans l'âme de son fils Robert et de sa fille Claire, mais en eux elle s'est cristallisée, idéalisée. Claire y a mis sa passion douloureuse et refoulée de vierge qu'on n'a point aimée et qui se flétrit dans la solitude, Robert les délicatesses, les générosités, les clairvoyances d'un esprit ouvert à tous les besoins des temps nouveaux. Pour lui, la noblesse, c'est le sacrifice; que la vieille aristocratie recommence à se dévouer et elle se retrouvera digne de gouverner la société. Ainsi, pour ces trois êtres, mais par des motifs différents, le devoir supérieur, impératif est celui-ci : perpétuer les Chautemelle. Chez le père, c'est l'orgueil brut et irraisonné, sans explications, sans nuances, le bloc de préjugés, presque imposant à force de simplicité massive pour ceux qui trouvent un dolmen plus beau qu'un temple grec. Chez la fille, c'est le culte du passé; chez le fils, une tendre aspiration vers l'avenir. Par malheur, Robert est atteint d'une maladie mortelle et la race va s'éteindre avec lui. Pourtant il a eu un enfant d'une demoiselle de compagnie de sa sœur et il fait à sa mère confidence de l'aventure. Il veut seulement assurer le sort de sa maîtresse, et non réparer sa faute. C'est là une cruauté, peut-être légitime, de M. de Curel, qu'il nous montre le gentilhomme si différent de l'honnête homme. Que fera la duchesse de cette confidence? Elle en ressent une joie profonde, inavouable : elle avait cru Hélène la maîtresse de son mari.

Hélas! nous savons, nous, les spectateurs, qu'elle ne se trompait pas dans ses craintes et que le duc a bien été le premier séducteur d'Hélène. De sorte que l'enfant... Hé bien, l'enfant, dans tous les cas, est un Chautemelle. Et le duc au lieu d'être accablé par le sentiment de sa faute, se redresse et commande. Que Robert épouse Hélène et le nom vivra. Claire qui sait l'affreux secret, Claire, si noble et si pure, accepte cette infamie. Lorsque tout est révélé à Robert par un incident fortuit, il meurt du coup, mais après avoir ratifié l'action de son père et en avoir réglé les plus lointaines conséquences dans un testament qu'illuminent les plus grandioses chimères. La duchesse se soumet à son tour et devant la majesté de la mort, entre le cercueil de Robert et le berceau du dernier des Chautemelle, toute cette famille se réconcilie, inclinée autour de son chef qui prend, à ce moment, des allures presque pontificales. De son crime bestial est sorti un grand et auguste devoir. Claire en sera l'infatigable exécutrice et Hélène l'éternelle prisonnière. Ce sera son expiation, si vous y tenez; mais ce mot appartient à la morale bourgeoise et personne ne daigne le prononcer.

Ce drame est vigoureux, serré, poignant à certaines minutes; il a, malgré le caractère répulsif du sujet, une certaine grandeur austère. Dans une halte de l'action, au troisième acte, on trouve, non sans quelque étonnement, un morceau lyrique. La mer, avec son peuple de vagues en travail qui se poussent, se nivellent et s'effacent sans trêve, symbolise la démocratie; la forêt, qui plonge ses racines dans le sol et projette ses futaies toujours plus haut dans le ciel, c'est l'entassement de la vie accumulée, c'est l'ombre, le silence et l'immobilité des traditions séculaires enfin, c'est l'aristocratie. Qu'elle soit ou non à sa place, c'est une belle page.

L'Envers d'une Sainte est un autre drame de M. de Curel, également joué au Théâtre-Libre. En voici le sujet. Toute jeune, Julie Renaudin a aimé un homme qui l'a aimée aussi, puis oubliée, et qui, pendant une absence à Paris, a épousé une autre jeune fille. Julie a souffert affreusement. Un jour, traversant un ravin sur une planche en compagnie de la jeune femme alors enceinte de sept mois, elle a fait basculer ce pont fragile. Jeanne, qu'on a retirée mourante du ravin, a tout deviné. Elle a appelé sa rivale à son chevet et lui a pardonné. Elle n'est pas morte, mais elle a mis au monde, prématurément, une petite fille qu'on n'a pu élever qu'à travers mille peines. Par suite de cet accident, elle n'a pu être mère une seconde fois. Julie est entrée en religion; pendant plus de vingt ans elle a fait la classe aux élèves du Sacré-Cœur de Vannes. Tout le monde loue sa piété et sa vertu; c'est « la sainte ». En réalité le couvent a remplacé le bagne qu'elle avait si bien mérité, Henri meurt; Julie se fait relever de ses vœux et rentre dans le monde. A peine s'apercevra-t-elle du changement, car la pieuse maison où vivent sa mère et sa tante est une sorte de béguinage où il n'est question que des « œuvres » et des « offices ». Donc la voici, calme, froide, souriante, sans émotion, sans joie, au milieu de la trépidation attendrie des vieilles dames. Elle se retrouve en présence de Jeanne. Cette Jeanne est une âme bonne et simple. Elle veut être l'amie de Julie. Elle admire la beauté, l'étendue, la persévérance de cette pénitence volontaire. Peut-être qu'elle est attirée aussi par la solidarité du même amour. Pourquoi ne communieraient-elles pas dans le souvenir d'Henri? Pourquoi ne pleureraient-elles pas ensemble? Mais Julie, dont l'âme est un orage sans eau, ne songe guère à pleurer. Elle veut savoir si Henri a « pensé à elle », Jeanne répond très franchement. Oui, au commencement. Le fantôme de l'ancien amour se dressait sans cesse entre elle et son mari. Alors elle lui a tout raconté : le crime avorté et toutes ses conséquences. Julie imagine qu'à partir de ce moment-là Henri a maudit son souvenir. Un portrait d'elle, trouvé au fond d'un bassin et qui, sans doute, y a été jeté par lui, achève de la persuader que l'homme aimé est mort en la détestant. De là son second crime. Pour se venger de Jeanne, elle enlèvera Christine à sa mère en rompant le mariage préparé pour elle et en la poussant vers la vie religieuse. Et ce crime s'accomplirait si le fiancé de Christine, si Jeanne elle-même ne se défendaient vigoureusement, si la jeune fille, un moment hypnotisée, n'ouvrait enfin les yeux. La rage de la fausse sainte, pourtant, ne s'apaise que quand elle a appris que sa pensée est restée chère à Henri jusqu'à la fin et que le portrait, principale cause de son erreur, a été jeté dans le bassin par Jeanne elle-même en un jour de colère et de jalousie.

Alors, mais alors seulement elle s'humilie comme s'humilient les orgueilleux, soutenue par le sentiment d'avoir vaincu. Elle retourne au couvent, mais elle n'y trouvera jamais le vrai repentir.

Le mot d'hypocrisie n'est prononcé qu'une seule fois dans toute la pièce. En effet l'hypocrisie n'a rien à faire ici. Julie Renaudin n'est pas une hypocrite, c'est une passionnée et une violente, qui a pleine conscience de ses sentiments et qui met une effrayante impudeur morale à se déshabiller l'âme dans ses conversations avec la tante Noémie. De soupirs, de nasillements dévots, de fade et pieuse phraséologie, pas l'ombre. Si les damnés causent religion, c'est ainsi qu'ils doivent en parler.

Autour d'elle, ce milieu clérical, déjà peint par Balzac et par lui trop poussé au noir. Des cœurs très doux, très naïfs, très étroits, un monde de parfums évaporés et de couleurs éteintes, quelque chose comme des conserves spirituelles de la sainteté en boîtes, qui ne vaut pas la vertu poussée à l'air libre, mais qui a encore sa saveur et son charme. Çà et là, — surtout au troisième acte, — des récits, curieux et circonstanciés comme des confidences, nous donnent à entendre que la vie religieuse est une vie artificielle, une admirable et fragile illusion qu'on entretient par d'étranges petits moyens, mais qui ne résiste pas au contact des choses réelles. Et pourtant, excepté Julie, toutes ces femmes sont des anges. M. de Curel qui nous a laissés dans le doute sur sa vraie pensée à l'égard de l'aristocratie française, n'est pas moins équivoque en ce qui touche l'idée religieuse. Voici ce qu'il semble se dire, avec beaucoup d'hommes de son âge : « La science est vraie, mais elle ne met au monde que des vaniteux, des égoïstes, parfois des monstres. La religion est impossible à croire, mais il n'y a de bonté, de vertu et de bonheur qu'avec elle. »

L'Envers d'une Sainte est jusqu'ici une des meilleures œuvres de l'école psychologique et on était en droit d'attendre beaucoup de celui qui l'a écrite. Les pièces qu'il a fait jouer sur les scènes ordinaires n'ont pas encore répondu à cette attente. On lui a dit : « Vous êtes un penseur, un écrivain : au théâtre ces dons-là ne font pas le sou. Égayez-vous, vous êtes trop noir. Soyez frivole, soyez spirituel, le public aime cela, surtout au premier acte. » Je pourrais presque nommer les imbéciles qui lui ont tenu ces propos. M. de

Curel a mieux que de l'esprit, mais il n'a pas d'esprit. Quand il a voulu être léger et gentil, il a été déplorablement vulgaire. Il ne sait être que profond. Si on lui défend de l'être, il n'est rien. « Nous sommes trop amusantes! » s'écrient, dans *l'Invitée*, les deux filles de M™ de Grécourt. Elles se trompent : il n'est pas dans les moyens de M. de Curel de peindre des jeunes filles « trop amusantes ». Il doit laisser cela à Jules Lemaître et à Henri Lavedan.

L'Invitée, *la Figurante*, *l'Amour brode* sont plus que des désappointements pour moi : ces pièces me révèlent les faiblesses et les lacunes d'un talent qui m'avait fait illusion dans *les Fossiles* et dans *l'Envers d'une Sainte*. Je ne dirai rien de *l'Amour brode* parce que je n'ai rien compris à cette broderie-là. *L'Invitée* est une pièce qui part de l'impossible et qui n'arrive pas. Une femme, apprenant que son mari la trahit, s'enfuit de la maison et va vivre loin de la France pendant quinze ans. Elle permet ainsi au monde de croire qu'elle est folle et à son mari de croire qu'elle est coupable. Elle laisse derrière elle deux petites filles qui s'élèvent comme elles peuvent, c'est-à-dire très mal. Un beau jour elle revient. Par curiosité? Pour faire une farce? Pour répondre à l'invitation de son mari qui croit avoir à pardonner et qui a intérêt à le faire? Je ne sais pas. A coup sûr ce n'est pas le sentiment maternel qui la ramène, car elle est très calme, presque railleuse. Singulière philosophie que celle de M. de Curel! Elle préconise l'atavisme et se moque de la voix du sang. A la dernière scène, Mme de Grécourt dit à son mari : « Vous avez suivi vos passions et vous avez été malheureux. J'ai refusé satisfaction aux miennes et je suis malheureuse. » D'où cette conclusion, — très neuve, — que, quoi qu'on fasse, on est malheureux.

La Figurante ne me plaît pas davantage. Un homme politique qui est en même temps un homme à femmes, cherche à épouser une jeune fille qui tienne sa maison et lui laisse garder sa maîtresse. Il en trouve une qui accepte le marché, mais qui ne le tient pas. D'abord elle était laide et son premier soin est de devenir jolie. Il paraît qu'elle a des yeux!... L'auteur explique d'où lui viennent ces yeux-là, mais je ne puis répéter l'explication devant des lecteurs qui veulent être respectés et n'ont pas tort. L'homme d'État devient amoureux de sa femme et la maîtresse s'éloigne, le cœur brisé. Il y a par là un vieux mari qui en ramassera les morceaux. Ce sujet, n'en déplaise à M. de Curel, est vieillot, égrillard et badin, plutôt en harmonie avec les mœurs du xviii° siècle qu'avec les nôtres. Un auteur du temps en eût tiré un imbroglio leste et impertinent, en glissant sur les vilenies et en insistant sur ce fait que, finalement, tout est remis en place. C'eût été *Françoise ou le Triomphe de la Modestie*. M. de Curel, par la modernité du traitement, a fait ressortir à la fois l'invraisemblance et l'inconvenance du sujet. J'ai une pauvre opinion des ministres de la République, mais pas au point de croire que le portefeuille des affaires étrangères puisse être ainsi brocanté entre deux femmes aussi platement ineptes, ni qu'on ait l'idée de l'offrir à un pleutre comme Henri de Renneval, si niais entre sa maîtresse dont il est las, et sa femme dont il est fou. Cette maîtresse se trouve être la seule personne à laquelle je m'intéresse et, des quatre complices, elle est la seule punie.

Je suis forcé de m'avouer que M. de Curel, s'il n'a point d'esprit, n'a guère d'imagination; que son observation est rarement juste; que son dialogue manque d'aisance, de naturel et de vie. Il est « littéraire », mais de la mauvaise façon, car, au théâtre surtout, mieux vaut ne pas écrire du tout qu'écrire trop. Son unique talent est d'analyser une situation donnée entre trois ou quatre personnages et d'en extraire les innombrables nuances de sentiments, successives ou simultanées, qu'elle comporte. En route pas d'émotions, pas de caprices, pas de trouvailles; aucun de ces brusques mouvements qui, en montrant la vie, dispensent de l'expliquer. J'ai donné *l'Envers d'une Sainte* comme l'une des meilleures œuvres de l'École psychologique; je citerai *l'Invitée*, *la Figurante*, *l'Amour brode* comme des exemples de l'excès où elle peut tomber.

M. de Curel, que j'ai voulu suivre jusqu'au bout, m'a fait perdre de vue le Théâtre-Libre. J'y reviens pour le voir fermer ses portes après une carrière de plus de huit années. Tout le monde sait que M. Antoine ne s'est pas enrichi au Théâtre-Libre. En l'appelant à la direction de l'Odéon, conjointement avec un journaliste, Paul Ginisty, le ministre lui a dit : « Monsieur Antoine, je vous accepte, avec toutes vos conséquences. » C'était hardi et intelligent. Nous avons cru que le second Théâtre-Français allait être le

Théâtre-Libre, agrandi et subventionné. Mais, pour une raison ou pour une autre, le duumvirat Antoine-Ginisty n'a pas vécu.

Après une éclipse de quelques mois, nous avons revu M. Antoine. Il s'est installé au théâtre des Menus-Plaisirs, qu'il a rebaptisé en lui donnant son propre nom. Là, il a appelé à lui ses anciens artistes, ses auteurs d'autrefois et son public primitif auquel il a essayé d'en joindre un autre plus humble mais plus vaste. Voici quel était le plan. Dans les « soirées d'avant-garde », on continuerait les essais et les expériences dans toutes les directions; les autres jours, on jouerait les meilleures pièces qui formaient le répertoire du Théâtre-Libre, avec de légères retouches destinées à ménager le sens optimiste des foules et en abaissant les prix à la portée des bourses populaires. Ce plan n'a réussi qu'à moitié. Les soirées d'avant-garde ont été parfois houleuses et, quant aux autres, le spirituel critique du *Gaulois*, M. F. Duquesnil a pu, sans trop de méchanceté, les qualifier de « soirées d'arrière-garde ». Quelques-unes des vieilles pièces ont fait recette; les nouveautés ont plu médiocrement.

Mais, quelles que soient les futures destinées

de M. Antoine et de sa troupe, il n'est au pouvoir de personne d'effacer de l'histoire dramatique les années du Théâtre-Libre. Le brave petit théâtre a eu son heure et fait son œuvre. Il a servi, même par ses erreurs et par ses excès, la cause de l'art et plus d'une des idées dont vit le drame d'aujourd'hui a germé dans ce limon fertile.

IV

Autour des théâtres.
Les artistes, le public, la critique.

Quand j'ai recommencé à fréquenter les théâtres de Paris il y a trois ans, je les ai retrouvés à peu près tels que je les avais laissés vingt-cinq ans plus tôt. Si l'on me permet cette expression, j'ai été stupéfait de n'être pas plus étonné. Se peut-il qu'un quart de siècle laisse si peu de traces en des lieux où passe tous les soirs ce qu'il y a de plus vif et de plus ondoyant chez le peuple le plus chercheur et le plus capricieux de la terre?

Tenez, cela commence avant même d'être entré. Voilà mes vieilles connaissances, les marchands de billets qui s'emparent de moi et qui m'entraînent dans un café borgne ou même chez un marchand de vins, sous prétexte de me vendre

« un excellent fauteuil ». Quand on en a perdu l'habitude, cette transaction a mauvais air; elle ressemble, extérieurement, aux plus vilaines industries dont le pavé parisien soit le théâtre. Personne n'ignore qu'elle se fait au bénéfice des auteurs qui vendent ainsi leurs « billets de faveur » : ce qui ne les empêche point d'en réclamer d'autres, très fréquemment, pour leurs parents et leurs amis. J'ai interrogé plusieurs auteurs sur cette coutume qui me semble un peu choquante; ils m'ont répondu : « Ça s'est toujours fait! » Cet argument est très conservateur, mais il est très faible. Si la vente des billets de faveur est un abus, il devrait disparaître. Si c'est un droit, il est facile de lui donner une forme régulière et honorable.

Je passe devant le contrôle. Les trois hommes en habit noir et en plastron irréprochable me toisent sans me regarder et m'envoient, d'un geste fier, à droite ou à gauche. J'arrive au bout des couloirs et je suis dans les mains des *ouvreuses*... pardon, des placeuses. Elles ont changé de nom sans avoir beaucoup changé d'âme ni de physionomie. Dans mon enfance, c'étaient de vieux monstres barbus et redoutables, qui semblaient capables de tout. Vers la fin de l'Empire elles sont devenues presque décentes et elles en sont restées là. Par exemple, toujours aussi rapaces. Elles m'arrachent mon parapluie et mon paletot qu'elles me fourreront sur les genoux au dernier entr'acte « pour éviter l'encombrement » et surtout pour percevoir plus sûrement leur impôt. Tous ces gens-là ne paraissent pas se douter que je les paie et qu'ils sont chez moi.

La disposition des grandes salles parisiennes est la même qu'autrefois. Les loges, qui ont presque disparu des théâtres anglais, sont toujours en faveur à Paris. Du rez-de-chaussée au cintre elles forment à la salle une triple ou quadruple ceinture. Celles d'en haut sont insupportables à cause de l'air chaud qui s'y accumule. Celles d'en bas manquent d'air parce qu'elles sont reléguées derrière le parterre. On y voit la scène comme on voit le ciel du fond d'un puits. J'ai passé une soirée terrible dans une de ces *baignoires* (et plût aux dieux que c'eût été une baignoire véritable!). Nous n'étions que deux, assis l'un derrière l'autre; dans une soi-disant loge de six. Quand elle est pleine, les horreurs du *Black hole* de Calcutta

[marginalia: même chose 1975.]

sont dépassées! Aux Français et à l'Odéon, on est largement assis dans les fauteuils d'orchestre. Dans les autres théâtres, les spectateurs sont aussi serrés que dans les théâtres anglais, peut-être davantage. Mon bras repose sur un étroit coussin à côté du bras de ma voisine. Ce bras frémit d'une façon inquiétante et devient très nerveux pendant les scènes d'amour. Cela m'est égal, mais je suis moins indifférent aux deux chapeaux féminins placés devant moi. Lorsque ces deux bouquets de plumes s'inclinent confidentiellement l'un vers l'autre, ils me cachent la scène de la rampe jusqu'aux frises.

On criait autrefois dans les salles de spectacle sur une modulation particulière : « Orgeat, limonade, glaces ». Autre temps, autre chanson. On crie à présent, avec une mélopée lente qui insiste sur chaque syllabe : « Oranges glacées, fruits frappés, bonbons acidulés, caramels ». Je demande *l'Entr'acte*. « Monsieur, il est mort », me répond le marchand de programmes. *L'Entr'acte* est mort; *l'Orchestre* existe encore, mais si mince, si amaigri! On le déchire quand on le touche. S'il continue à s'atténuer ainsi, je prévois le moment où il s'évaporera en un léger brouillard. A la place de *l'Entr'acte* défunt et de *l'Orchestre* anémique, on me donne un élégant petit cahier, noué d'un ruban vert, qui sert de réclame au journal *l'Illustration* et qui contient, avec un bout de biographie, des portraits d'acteurs et d'actrices.

Les salles sont toujours violemment éclairées, aussi bien pendant la pièce que pendant les entr'actes : ce qui nuit à la fois au recueillement intellectuel et à l'effet scénique. On est condamné, comme autrefois, à voir les maussades et plates figures des musiciens et, si l'on est sur le premier rang, à entendre leurs sottes conversations. La claque a émigré vers les hautes régions, mais elle continue à faire sentir sa triste présence. De temps à autre, le battement morne et mécanique de soixante mains mercenaires éclate, s'enfle et s'éteint dans le silence, saluant un mot à effet, ponctuant une tirade, indiquant l'endroit où l'auteur s'est reconnu spirituel, où l'acteur pense avoir fait preuve de talent. Comme jadis le public laisse faire ; il m'a même paru encore plus paresseux d'applaudir que nous ne l'étions dans ma jeunesse.

Quand on y réfléchit, il est tout simple que les théâtres n'aient point changé puisqu'ils sont toujours gouvernés par les mêmes hommes et animés du même esprit. Au Théâtre-Français, tout obéit à un règlement signé par Napoléon au Kremlin en 1812 et qui porte le nom de décret de Moscou. C'est encore un trait bien propre à convaincre les étrangers que, malgré nos fanfaronnades révolutionnaires, nous sommes la nation conservatrice et routinière par essence. Quelle chinoiserie que cette organisation imaginée par des hommes qui ne savaient rien du théâtre et voulaient imposer partout la centralisation bureaucratique dont ils étaient idolâtres! Il faut d'abord distinguer les pensionnaires, engagés aux conditions ordinaires, des sociétaires qui, outre leurs appointements fixes, ont une part aux bénéfices. Et que de degrés, que d'étapes à franchir depuis le douzième de part jusqu'à la part entière! Le sociétariat assure une retraite, mais impose des obligations tellement strictes que beaucoup d'artistes préfèrent tout sacrifier pour rompre leur chaîne. La Comédie-Française est souvent en procès et les procès ne valent rien, même quand on les gagne. A cela il faut joindre les rivalités inévitables à tous les degrés de cette curieuse hiérarchie artistique où l'on avance à l'ancienneté et où le talent n'obtient pas toujours son dû. Ces rivalités donnent lieu à des jalousies, à des contestations d'autant plus difficiles à arranger que les rôles modernes ne répondent plus aux « emplois » tels qu'ils ont été autrefois définis.

Au-dessus de cette aristocratie des sociétaires s'élève l'oligarchie dictatoriale du comité de lecture qui accepte ou rejette, au scrutin secret, les pièces soumises à son jugement. Deux lecteurs pris au dehors parmi les critiques ou les hommes de théâtre les plus experts — en ce moment c'est M. Paul Perret et M. Édouard Cadol[1] qui sont chargés de ce soin — prennent connaissance de tous les manuscrits déposés et font leur rapport. Ils éliminent les insanités et les impossibilités; ils ménagent ainsi les moments précieux du comité. Mais il va sans dire que les auteurs déjà connus dans la maison sont dispensés de l'épreuve préliminaire et vont droit devant les juges en dernier ressort. Depuis que j'ai été en âge de lire les journaux, j'y ai trouvé des plaintes et des moqueries contre le comité de lecture du Théâtre-Français. Ç'a été un feu roulant de Casimir Delavigne

---

1. M. Cadol vient de mourir pendant que ce livre s'imprime.

à M. Émile Bergerat. Au-dessus de tout cela est placé l'administrateur général qui exerce l'autorité dans les conditions les plus difficiles et qui est fort à plaindre à moins que, comme M. Jules Claretie, il ne corrige la fausseté de sa situation à force de raison, de volonté, de patience, de tact et d'adresse. On serait tenté de croire qu'une pareille machine ne marchera pas quarante-huit heures : elle marche depuis quatre-vingt-cinq ans.

L'exemple de Coquelin et de Sarah Bernhardt semble indiquer que la Comédie-Française aura de la peine à garder les artistes hors ligne. Je ne suis pas sûr que ce soit un paradis même pour les bons artistes de second ordre. Ceux du troisième rang, en revanche, y prospèrent et s'y engraissent : ce sont les chanoines de l'art dramatique. A défaut de talent, ils ont de la tenue, des traditions; ils en ont trop. C'est à eux que s'adresse certain hors-d'œuvre satirique que M. Jules Lemaître a introduit dans le premier acte du *Député Leveau*. Dans cette satire il y a beaucoup d'esprit, pas mal de vérité et un peu de la rancune d'un auteur qui avait été obligé de passer les ponts avec son manuscrit sous le bras.

M. Lemaître nous montre un couple de comédiens plus timorés, plus bégueules, plus bourgeois que les bourgeois les plus endurcis. La mère fréquente l'église; le père rêve le ruban rouge, la fille est trop bien élevée pour causer avec les jeunes filles du monde. « Oh! maman, si tu savais!... Cette demoiselle me dit des choses!... » La respectabilité les entête, le sociétariat les emprisonne et les paralyse comme l'étiquette faisait les rois espagnols du bon vieux temps : « Vous comprenez, madame, mon mari ne peut pas... dans sa position! » On sent, à chaque parole, les pauvres gens mourir de cette affreuse terreur de n'être pas comme il faut. Cela est triste à dire, quand l'acteur cesse d'être un cabotin, il risque de devenir un snob, à moins qu'il ne trouve moyen de combiner les deux. Je ne sais rien des mœurs intérieures de la Comédie-Française : tout ce que je sais, c'est qu'il y a un peu de complaisance et de fatuité dans le jeu de ses artistes. Ils ne perdent pas de vue une minute qu'ils sont « les premiers comédiens du monde ». A s'en trop souvenir ils risquent de nous le faire oublier.

J'ai déjà dit mon admiration pour Mme Bartet, tout en regrettant qu'elle fût condamnée à l'élégie à perpétuité. Mlle Reichemberg — autrement dit *la petite Doyenne*, — qui a pris sa retraite cet hiver, était la seule survivante du temps où j'avais mes entrées à la Comédie. Alors je ne l'aimais guère. En 1897, je l'ai trouvée délicieuse. Quelle voix jeune et fraîche à côté de celles de Mlle Brandès et de Mlle Marsy! Envers Mlle Marsy j'avoue que j'étais disposé à me montrer exigeant. On m'avait tant dit : la belle Marsy. Et les auteurs qui lui écrivaient des rôles, paraissaient croire que cette beauté prodigieuse suffirait à couvrir toutes les invraisemblables et à expliquer toutes les folies. Mlle Marsy m'a semblé, en effet, une belle personne, mais sans magnétisme, sans poésie. Pas le plus petit *je ne sais quoi*. Comment peut-elle souffrir, pleurer, aimer, dire des choses délicates, des mots de l'âme, faire croire qu'elle est une jeune fille? Elle m'a fait plutôt l'effet d'un bon garçon. Pour Mlle Brandès, j'attendrai pour la juger une meilleure occasion. Je l'ai vue dans une de ces deux piécettes jumelles que M. Édouard Pailleron a eu la fantaisie de réunir, comme avec une accolade, sous ce titre à peine compréhensible : *Mieux vaut douceur... et violence*. Il résulte de la première qu'une femme, pour reconquérir son mari infidèle ou tenté de l'être, doit se fâcher. Il découle de la seconde qu'elle doit faire... tout le contraire. Ce qui achève de dérouter, c'est qu'on joue *Violence* d'abord et *Douceur* à la fin de la soirée. Ce ne sont pas ces deux pochades à la Verconsin qui auraient fait entrer M. Pailleron à l'Académie. *Violence* est jouée par Mlles Brandès et Marsy; entre elles un jeune homme, M. Dehelly, qui a quelques vibrations de Delaunay dans le gosier, mais dont la nervosité et la trépidation continue ne laissent pas d'être fatigantes. Ces trois-là me suggéraient l'impression d'un bon théâtre ordinaire dans une préfecture de quarante mille âmes où il y a un évêque et une cour d'appel. Mais l'interprétation s'est relevée sensiblement dans *Douceur*, grâce à Mlle Reichemberg et à M. de Féraudy. Celui-là est un charmant comédien, un comédien-né, parfaitement digne de continuer les traditions de la maison et capable d'en créer à son tour.

Dans la comédie moderne, j'ai fait connaissance avec M. Le Bargy et M. Leloir qui m'ont semblé des acteurs très intelligents, mais je n'ai pu découvrir leur note originale. Peut-être était-ce la faute de leurs rôles. Il paraît que M. Le Bargy, c'est

« l'homme du monde », comme l'était Bressant il y a trente-cinq ans. Seulement Bressant offrait, imposait presque un type qu'il avait créé à l'imitation des gentlemen de son temps; M. Le Bargy rend à merveille le type dominant parmi les gentlemen du sien.

J'aime mieux ne rien dire d'un grand artiste comme Mounet-Sully que de le louer au-dessous de ses mérites d'après une étude incomplète de ses hautes facultés. Tout le monde m'a dit qu'il était admirable, que c'était une joie de le voir et de l'entendre dans les grands rôles où il se donne tout entier. J'ai cru remarquer que, par la façon presque identique dont on les traite au Théâtre-Français, le drame romantique et la tragédie classique tendaient à se rapprocher. Il y avait là deux traditions ennemies; elles finiront par se confondre. Les mêmes artistes jouent *Phèdre* et *Ruy-Blas* à peu près dans le même style. Ils croient bien faire, jeter un peu de passion, de vie, d'humanité dans ces choses antiques et refroidies. En cela ils se trompent. La tragédie a sa vie propre, sa sensibilité particulière qui se traduit par un accent particulier. Il faut lui laisser tout cela. C'est l'insulter que la moderniser; c'est la tuer d'une manière sûre que lui injecter notre vie moderne et que demander aux veines du marbre de charrier du sang comme les veines du corps humain. *Sint ut sunt aut non sint.* Encore une fois ces artistes croient bien faire. Et si, d'autre part, les drames de Hugo prennent sur la scène une sorte de majesté tranquille à la Corneille, c'est que le temps a fait son œuvre. L'étonnement a passé; les beautés ne se discutent plus; les étrangetés elles-mêmes sont devenues classiques. Personne ne les acclame ou ne s'en indigne et l'acteur a cessé, depuis longtemps, de les lancer comme un cri de guerre aux jeunes, comme un défi aux têtes grises en courroux. La littérature a ses « fusions » inattendues, ses coalitions comme la politique. Je reviendrai sur celle-ci quand je parlerai de l'Évolution des vieux genres.

J'ai passé une après-midi du dimanche au Théâtre-Français; j'ai vu jouer *l'Avare* et *Monsieur de Pourceaugnac*.

Pourceaugnac, c'était Coquelin Cadet. Il a joué, cela va sans dire, en excellent comédien, mais sans se fatiguer. M. Laugier, dans Harpagon, ne m'a rappelé ni Provost ni Talbot que j'ai vus tous deux dans ce rôle. Il n'est pas spontané et original comme le premier; mais il est beaucoup plus maître de lui et moins lugubre que le second auquel on avait persuadé qu'Harpagon était un caractère effrayant et qui le poussait au noir de toutes ses forces. M. Truffier représente fort honnêtement Maître Jacques et Sbrigani. Dans Nérine et dans Frosine, Mlle Kalb et Mlle Fayolle m'ont fait voir — ou entrevoir — que la succession d'Augustine Brohan n'était pas encore tombée en déshérence. De très bons acteurs jouaient de très petits rôles. Ainsi M. Laugier a paru dans le premier médecin et M. de Feraudy est venu bégayer les trente lignes qui font le rôle de l'apothicaire. Cet usage admirable, qui n'existe que là, est la plus grande preuve de respect qu'on puisse donner aux maîtres et l'un des moyens les plus effectifs de maintenir l'interprétation à un niveau supérieur.

Les *matassins* étaient bien armés. Ils ont poursuivi M. de Pourceaugnac sans grande conviction, à ce que j'ai cru voir, mais enfin ils l'ont poursuivi suivant tous les rites. Ils ont défilé dans la salle et m'ont tous marché sur les pieds. Cette course dans l'orchestre, ces crânes qui émergent du trou du souffleur et qui s'y replongent aussitôt sous un coup de bâton dont retentit toute la salle, ce gros homme déguisé en femme, ces danseurs grotesques qui envoient leurs pieds à la hauteur de leur bonnet : tout cela ressemble terriblement à une pantomime des *Folies-Bergère*. Il n'y manque que les Hanlon-Lee.

Le public était aussi un public des Folies-Bergère. A côté de moi deux rastaquouères, à figure simiesque, n'ont cessé de fredonner et de grignoter. Derrière, trois Allemands, enlacés, suivaient la pièce sur une même brochure. Les grands mots, les mots profonds se perdaient dans le vide; les coups de bâton étaient salués de longs rires enfantins qui ne finissaient pas. Lorsque Harpagon s'est écrié : « J'aimerais mieux voir ma fille morte!!... » il y a eu un léger frisson de protestation qui m'a fort amusé et un peu éclairé. Quel droit ai-je, après tout, de me moquer de ces pauvres gens? Parce qu'ils trouvaient qu'Harpagon allait trop loin? Mais si on ne nous avait pas pris tout petits et si on ne nous avait pas fait absorber ces phrases à l'âge où tout s'assimile, si nous avions, en présence de *l'Avare*, la fraîcheur d'impression et la liberté de jugement que nous apportons aux pièces nouvelles, nous serions bien capables de dire : « Voilà un élève de M. Becque qui a bien plus d'esprit que son maître, mais qui exagère singulièrement ses audaces. Ce père qui noierait sa fille plutôt que de la doter, ces enfants qui aident à tromper, à bafouer, à dévaliser leur père, voilà, assurément, de la comédie rosse, et des plus rosses! Du théâtre plus libre que le Théâtre-Libre! » Quant au monologue de la cassette volée, qui est traduit presque textuellement de Plaute, si nous étions francs, nous avouerions qu'il n'y a rien de plus mauvais et que la scène ne contient pas un seul trait de gaîté ni de naturel.

L'Odéon est, comme la Comédie-Française, un théâtre subventionné, mais l'ingérence administrative se borne à nommer le directeur et à donner, de temps en temps, un « ordre de début » à quelque jeune tragédienne qui a des amis dans les bureaux. Le cahier des charges réserve aussi deux jours par semaine aux œuvres anciennes et à celles des débutants : en sorte que les abonnés peuvent compter sur des *menus* variés. L'Odéon m'a paru très différent de ce qu'il était dans ma jeunesse. A cette époque, on n'y allait guère sauf les jours de *chahut*, comme par exemple à la première de *Gaëtana*. Les Parisiens de la rive droite parlaient de l'Odéon comme d'un lieu mal connu et mal éclairé. C'était vrai : les applaudissements eux-mêmes prenaient une sonorité douloureuse dans cette grande salle déserte et mélancolique. A la génération précédente c'était encore pire. Nadaud faisait dire à l'Étudiante dans sa *Lettre à l'Étudiant* :

> Et l'on joua la pauvre pièce
> Devant trois polytechniciens,
> Treize claqueurs, une négresse
> Et puis nous deux, tu t'en souviens.

Les temps sont changés. J'ai vu une pièce de Marivaux enlevée avec beaucoup d'entrain par une jeune troupe très intelligente. J'ai vu *le Chemineau*, de Jean Richepin, admirablement joué devant une salle comble et enthousiaste. Je n'ai pas eu le plaisir d'applaudir Mlle Tessandier, mais Mme Segond-Weber m'a beaucoup frappé. Ne l'ayant vue qu'une fois, j'ignore jusqu'à quel point elle peut modifier ses effets. Sa voix, ce soir-là, était rauque et fatiguée. Si c'est là son organe ordinaire, je crains que ses facultés artistiques ne se trouvent limitées de ce côté-là. Mais elle a un sens dramatique très puissant et très pur, elle est vraie, elle est humaine, elle remue quelque chose en nous et elle est plus capable d'arriver au grand qu'aucune autre actrice française de ce temps, excepté Sarah Bernhardt. Enfin, l'Odéon est très vivant, sinon tout à fait prospère. Avec ses soirées modernes et ses soirées classiques, avec sa légion de brillants conférenciers, avec la faveur marquée du monde universitaire qui est plus nombreux, plus actif et plus influent qu'autrefois, l'Odéon a, je crois, de beaux jours devant lui.

Tandis que les théâtres de Londres sont presque uniformément entre les mains d'acteurs-directeurs qui monopolisent leurs scènes et se commandent un rôle comme ils se commandent un habit, nous possédons tout un assortiment de directeurs variés. L'un est un journaliste à idées; l'autre un acteur, mais un acteur qui ne joue plus; un troisième est un auteur, qui n'a pas renoncé à écrire et qui fait jouer ses pièces chez le voisin; un quatrième est un industriel dont le nom me permet de croire que ses ancêtres ont habité la Terre Sainte avant la destruction du

Temple. Nous avons aussi le directeur qui ne joue pas, mais dont la femme joue. Enfin l'acteur directeur est représenté, et très dignement, on en conviendra, par Coquelin et Sarah Bernhardt.

Je ne sais si Sarah Bernhardt s'est enrichie à la Renaissance. Ses choix, depuis deux ans, n'ont pas toujours été heureux, mais ils annoncent, en tout cas, des intentions hautement littéraires. Quant à Coquelin, son règne, à la Porte-Saint-Martin, est de plus en plus brillant. Il s'y est montré très hospitalier et tout à fait éclectique. Il a fait crier : « Vive l'Empereur! » dans *le Colonel Roquebrune*, comme il avait fait crier : « Vive le Roi! » dans *Bertrand Duguesclin*. *Le Colonel Roquebrune* a eu cent représentations et j'ai assisté à l'une des dernières. Pendant un entr'acte un de mes amis m'a conduit dans le foyer du public; là, il a frappé à une petite porte en glace, qui s'est ouverte, donnant accès dans un escalier intérieur. Quelques secondes après, nous étions dans la loge de Coquelin. Si vous ne le connaissez, figurez-vous un homme simple, génial, au regard droit, à la main ouverte; la parole est aussi facile que la pensée est prompte. Un visiteur lui montrait des autographes, une médaille frappée en 1870, des curiosités anciennes et modernes que l'artiste apprécia en connaisseur. Puis on parla théâtre et la façon dont il manipula certaine pièce, la démonta et la rebâtit en cinq minutes me fit comprendre qu'un tel directeur et un tel interprète devait être, pour un auteur dramatique, le plus précieux des collaborateurs. Nul ne m'a donné mieux que Coquelin, ce soir-là, la vision du grand artiste. Je ne croyais pas parler à un contemporain, mais à Kean ou à Talma, évoqué par quelque magie. Deux fois on vint lui dire : « Monsieur, peut-on commencer? » — « Tout à l'heure! » et Coquelin reprenait sa phrase avec un geste large et un ton convaincu. Enfin la salle devenait houleuse. Nous prîmes congé et l'acteur nous serra la main en endossant à la hâte son uniforme de colonel. Je n'étais pas encore rentré dans la salle que j'entendais sa magnifique voix tonner sur la scène. Cette voix a maintenant une sonorité, un frémissement, des vibrations inconnues; le geste a pris une ampleur, une autorité irrésistible. Je me disais, tout en constatant le progrès, qu'à jouer ainsi du George Ohnet devant un public populaire, on risque de perdre un peu l'art des sous-entendus et des nuances, mais comme *Cyrano* m'a rassuré! L'ancien « comique » du Théâtre-Français est aujourd'hui un acteur complet, universel, auquel obéissent toutes les notes du clavier dramatique.

J'ai nommé tout à l'heure la *Renaissance*, l'élégant théâtre où a fleuri l'opérette de Strauss et de Lecocq avant le règne de Sarah Bernhardt. En ce temps-là on y applaudissait Mlle Jeanne Granier; on l'y applaudissait encore récemment, mais sous une forme différente. Elle chantait; maintenant elle joue. L'ancienne diva d'opérette s'est révélée comédienne. L'*avatar* dont rêvait Mme Judic, Jeanne Granier l'a réalisé. Elle a joué Claudine Rozay, l'héroïne d'une pièce de M. Donnay dont je parlerai bientôt et qui a pour titre *Amants*. Cette pièce a fait connaître une fraction du demi-monde que Dumas n'avait pas prévue et où sa baronne d'Ange n'a jamais mis les pieds, le demi-monde bourgeois. La comédienne a eu sa grande part dans le succès et l'auteur l'a reconnu en lui dédiant sa pièce. Avec ses gentillesses, ses câlineries, ses jolies façons de maîtresse sage, presque maternelle, Jeanne Granier pouvait, mieux qu'une autre, faire comprendre ces natures sensuelles et fines, douces et tendres jusque dans l'infidélité, adroites et prudentes jusque dans l'abandon et l'emportement de l'amour. La passion n'est pas pour ces femmes un état qui dure, un tempérament, mais une minute critique. Cette minute passée, elles sont sauvées, elles et tout ce qui vit autour d'elles. C'est avec cette figure si parisienne que s'est identifiée Mme Granier, jusqu'à sa création du *Nouveau Jeu* qui n'est pas moins caractéristique.

Si nous entrons en passant au Palais-Royal, nous n'y trouverons plus Mlle Lavigne qui y a régné vingt ans. Les habitués du théâtre disaient Lavigne et cette familiarité c'était la gloire. Politiciens, poètes, artistes, on n'est quelqu'un que quand on a cessé d'être Monsieur. Donc Lavigne avait créé au théâtre la jolie femme grotesque. Ces choses-là ne s'expliquent pas. Il fallait y aller voir et sans perdre de temps. Suivant les probabilités naturelles, il était à présumer que Mlle Lavigne cesserait d'être jolie avant de cesser d'être grotesque; mais alors du moins, il nous serait resté une remarquable *duègne* : ce que nous avons eu jadis dans Thierret et dans Boisgontier. Malheureusement il ne devait pas en être ainsi. L'excellente artiste est devenue soudainement aveugle et a dû quitter la scène en pleine vigueur et en plein succès.

Le Vaudeville et le Gymnase sont réunis sous la même direction, mais je ne crois pas que les inventeurs de cette combinaison aient beaucoup à s'en louer. Comme dans les deux troupes confondues, il n'y a qu'une seule artiste à recettes, Mme Réjane, il faudrait, pour utiliser dans les deux théâtres à la fois sa puissance d'attraction sur le public, commander à de jeunes auteurs sans préjugés des comédies agencées de telle façon que l'artiste pût, dans la même soirée, courir de la Chaussée d'Antin au Boulevard Bonne-Nouvelle, paraître ici dans le premier acte, là dans le second, et ainsi de suite, sans que l'une ou l'autre pièce souffrît trop de son éclipse momentanée. Les directeurs veulent-ils essayer? Je leur donne mon idée pour rien. Dans l'état actuel des choses, un des théâtres est prospère; l'autre végète. C'est à peu près ce qu'il advint des frères siamois lorsqu'un des deux tomba malade et fit mine de mourir. Et le dénouement, dans les deux cas, sera le même : une amputation.

L'incontestable et triomphante beauté de Mme Jane Hading ne suffisait pas à retenir la foule dans un théâtre où ont passé Rose Chéri, Victoria Lafontaine, Aimée Desclée, où, hier encore, Mᵐᵉ Pasca nous montrait si bien ce que c'est qu'une vraie femme du monde. Et depuis qu'on a réussi à lui persuader de « se reposer », je ne vois pas que la situation du Gymnase se soit fort améliorée.

Au Vaudeville, Réjane rend bonnes les mauvaises pièces et change en or le plomb qu'on lui apporte. Je ne l'ai vue que trois fois dans *Madame Sans-Gêne*, dans *Lysistrata* et dans *la Douloureuse*. Mais cela m'a suffi, tout au moins, pour constater sa popularité. Quand elle entre en scène, la salle s'agite et la scène s'éclaire, comme si on avait donné un demi-tour à la clef qui ouvre les herses et la rampe. D'où vient cet ascendant, cette intimité, cette entente parfaite avec le public dont elle est si vite comprise qu'un « hum! hum! », un clignement d'yeux le fait éclater en rires et en applaudissements? Est-ce à sa beauté que Réjane doit cela? Oh! non. Elle n'est pas jolie, on pourrait même dire... Mais il est plus séant de ne pas le dire. Suivant un mot célèbre, « elle n'est pas belle, elle est pire ». Cet étrange visage vous prend par vos bons et vos mauvais côtés. Toute l'intelligence, la curiosité, le dévouement, la pitié de la femme sont dans ces grands yeux extraordinaires. Au-dessous je vois le museau d'une petite bête sensuelle, un sourire vicieux, presque canaille, des lèvres qui vont au-devant du baiser, mais avec un reste, ou un commencement, d'ironie. Or c'est justement le type de l'heure présente, un type plutôt populaire, que l'on rencontre sur les trottoirs de Paris, vers midi, à l'heure où les demoiselles de magasin vont déjeuner. On copie ce type si, par hasard, on est née marquise ou duchesse et ce n'en est que plus piquant.

Réjane a-t-elle un tempérament, une nature vraiment à elle? Ou serait-ce un singe incomparable qui contrefait toutes sortes de manières d'être? En fermant les yeux je crois quelquefois entendre le nasillement égrillard, la petite voix de caneton en gaîté qui caractérisait Céline Chaumont. Une minute après cette même voix a le chant cadencé, la vibration contenue, le brisement qui scande avec tant d'art la phrase de Sarah Bernhardt. Et le passage est si savamment et si adroitement ménagé que toutes ces femmes différentes, celle qui se moque, celle qui tremble, celle qui menace, celle qui désire, celle qui rit et celle qui pleure semblent bien ne faire qu'une seule et même femme. Au reste, je me suis posé là une question que je ne pourrais résoudre, même avec l'aide de Réjane elle-même. Contentons-nous de ce que nous voyons. J'incline à croire que ce talent est composé d'un million de petits artifices, tous plus ingénieux, plus ténus les uns que les autres. Si on en étudie le mécanisme secret, on en tirera toute une technique à l'usage des comédiennes.

D'après ces quelques profils d'artistes en vedette, on peut pressentir celles qui occupent le second plan. J'ai fréquenté autrefois l'*École Lyrique*, de la rue de La Tour d'Auvergne, qui était dirigée par Ricour. Ce bonhomme, qui se vantait d'avoir doté la France de grandes artistes, avait des procédés invariables pour découvrir et classer les vocations. Il rangeait les nez retroussés à sa droite, les nez grecs et romains à sa gauche. Aux unes il faisait prononcer un mot qu'il avait forgé, *Élégante*; aux autres un mot, également de sa fabrication, *Superbatandor*. C'était l'épreuve maçonnique, d'après laquelle il rendait son arrêt. « Ma fille, tu es tragédienne; et toi, tu joueras la comédie. » Si le pauvre Ricour revenait au monde, il lui faudrait changer son critérium. Il y a maintenant du drame pour les nez retroussés, pour celles qui ne peuvent pas dire *Superbatandor*. Seulement c'est de la passion transposée dans un autre ton. La différence est surtout dans le milieu social et dans les habitudes physiques. Un Ricour contemporain dirait probablement à ses élèves, après avoir éprouvé leurs moyens : « Toi, tu seras l'amoureuse de style, la grande dame cosmopolite; toi, la bourgeoise du boulevard Malesherbes qui a un amant. » Elles ne l'écouteraient pas et se choisiraient un modèle parmi les reines du théâtre. Le Conservatoire, qui est l'antichambre et la pépinière du monde théâtral, est plein de Bartets en espérance, de Réjanes en formation et de Sarahs à l'état nébuleux. On se fait un talent à force de fantaisie, de virtuosité et de chic. On vise à l'originalité au lieu d'étudier la nature et on s'éloigne tous les jours un peu plus de cette vérité qui nous fascinait chez Desclée et qui rend si émouvant le jeu d'Éléonora Duse.

Le type qui prévaut parmi les acteurs indique le changement qui s'est fait dans les mœurs de la nation. On sent que tout le monde a passé par le régiment. De petites moustaches retroussées, les cheveux courts, le vêtement juste, la tête droite, la pointe du menton en l'air et l'œil regardant de haut en bas sous les paupières abaissées, un certain air raide, sec et rageur, voilà comment il paraît qu'on doit être pour être aimé. Tout ce militarisme n'est, d'ailleurs, qu'une attitude extérieure : on n'en retrouve pas trace dans le langage ou dans les idées. Quoi qu'il en soit, ces vainqueurs de femmes n'ont, au premier abord, rien de très séduisant. Lafont, Bressant, Berton père, Delaunay se donnaient une peine infinie pour justifier les folies qu'on faisait en leur honneur. Aujourd'hui l'amour des femmes pour les hommes n'a plus besoin d'être expliqué. On les aime parce que c'est fatal. Ils ne sont pas beaux; ils ne cherchent pas à plaire; ils n'ont ni mélodie dans la voix, ni caresse dans le regard. Ce sont des hommes, il suffit. Je ne regrette pas le « jeune premier », ce fade et insipide personnage qui a traîné pendant deux cents ans dans tous nos drames et dans toutes nos comédies. Cependant il y a encore des hommes dont le caractère et la vocation est d'aimer. Dans mon voyage d'exploration à travers les théâtres parisiens, je n'ai pas rencontré un seul acteur qui m'ait paru fait pour ces rôles-là ou qui parût songer à s'y préparer.

Voilà donc le terrain sur lequel nos jeunes écrivains dramatiques doivent opérer, les difficultés qu'ils rencontrent et les ressources dont ils disposent. D'un côté un monde théâtral qui n'a presque pas changé depuis vingt-cinq ans, des artistes élevés dans les anciennes traditions, des directeurs qui demandent à gagner de l'argent et qui croient, à cet égard, les vieilles recettes plus sûres que les nouvelles tendances; un public très élargi, mais dédaigneux, endormi, indifférent, à la fois blasé et barbare, qui vient au théâtre, comme autrefois, pour qu'on l'amuse, pour qu'on l'émeuve et surtout pour qu'on chatouille ses sens, un public qu'il faut disputer aux chevaux, aux gymnastes américaines, aux jongleurs japonais, aux clowns italiens, aux femmes qui mangent du feu ou qui fument dans l'eau ou qui dansent dans un arc-en-ciel ou qui plient leur corps comme un morceau de caoutchouc vivant, enfin à toutes les inepties, à toutes les excentricités, à toutes les impudicités du cirque ou du musichall; un public qui, avec tout cela, a des moments de faiblesse sentimentale et des sursauts de moralité réveillée. De l'autre côté un petit groupe, peu nombreux, mais ardent, et qui crie très haut, les entraîne en avant sans savoir au juste où il va, ni ce qu'il veut, ni ce qu'il pense, sinon que Dumas et Augier sont des badernes et que leur théâtre est un théâtre fossile. Ce groupe s'est orienté successivement vers le naturalisme, le symbolisme ou la psychologie pure, il a attendu le salut d'Henry Becque, de Maeterlinck ou d'Ibsen. Tout plutôt que Dumas! — Et pendant qu'on répète, qu'on vocifère cet anathème dans tous les cénacles, dans tous les bureaux des petites Revues illisibles, dans les brasseries artistiques de Montmartre et du boulevard Saint-Michel, les directeurs murmurent tout bas à l'oreille des auteurs : « Faites-nous du Dumas fils et, si vous pouvez, du Dumas père : cela vaudrait encore mieux pour la caisse ». Vraiment, la position des auteurs dramatiques n'est pas commode.

Que fait la critique pour les aider?

La critique dramatique forme à Paris une hiérarchie très nombreuse, très compliquée, très florissante. En tête nous voyons d'abord ces hauts et puissants seigneurs, les feuilletonistes du lundi. Ils ont souvent plusieurs jours pour réfléchir avant de rendre leur arrêt. Car c'est le dimanche soir seulement que l'imprimeur attend leurs douze colonnes. Elles sont, généralement, trop étroites pour la diversité et l'importance des matières qui y demandent accès. Mais après les semaines grasses, les semaines maigres. Quelquefois pour remplir ses douze colonnes on n'a qu'un vaudeville du Théâtre Dejazet; quelquefois, rien. L'été, entre la foire de Neuilly et la réouverture de l'Odéon, il y a des mois vraiment terribles à passer. Dans ces moments-là, M. Jules Lemaître, quand il était critique aux *Débats*, se mettait bravement à relire son Lamartine et nous racontait ses impressions. Une autre fois il s'est posé un petit problème qu'il a résolu successivement dans plusieurs sens opposés, comme c'est l'habitude de cet esprit souple et subtil. Il s'agissait de savoir qui avait pu séduire Marceline Desbordes-Valmore, jeune actrice des plus médiocres, qui a écrit de mauvais vers dans sa maturité et à qui les Douaisiens, ses compatriotes, ont eu la naïveté d'élever récemment une statue : comme si nous avions trop de marbre pour faire des cheminées ou trop de bronze pour faire des sous!

Ces causeries de M. Lemaître étaient bien agréables et je pourrais citer un autre critique qui n'a jamais fait une si jolie chronique théâtrale que certain jour où il n'avait absolument rien à juger. Mais ces élégants exercices ne conviennent pas à tout le monde. Il y faut une bonne grâce, une science des artifices littéraires, une souplesse et une prestesse dont peu d'écrivains sont capables et, pour être tout à fait franc, il n'est peut-être pas à désirer que cet art de parler et de parler si bien pour ne rien dire fasse chez nous de nouveaux progrès.

Il y a quelque chose d'un tout petit peu absurde, quand on y réfléchit, dans ce feuilleton hebdomadaire dont la matière varie énormément et dont les dimensions ne varient jamais. D'ailleurs les feuilles qui se piquent d'actualité ne peuvent pas faire attendre une semaine entière à leurs lecteurs le compte rendu d'une *première*. C'est pourquoi elles publient l'article critique au lendemain de la représentation. Le lecteur, en déployant son journal, pendant que son café ou son chocolat refroidit, six ou sept heures après que la toile est tombée sur la dernière scène du drame nouveau, y cherche et y trouve l'analyse de la pièce. Il aime à se figurer le critique acharné, pour le mieux servir, à sa besogne nocturne, et noircissant fiévreusement des feuillets qu'il jette encore tout frais à l'imprimeur. Mais il entre là dedans un peu d'illusion. Le critique, d'ordinaire, écrit le récit de la première vingt-quatre heures avant qu'elle ait eu lieu, au sortir de la répétition générale. Si le sujet a déjà été traité par un écrivain français ou étranger, si les caractères ou les événements tiennent à l'histoire par quelque bout, une heure passée à la Bibliothèque Nationale peut être très utile pour *corser* l'article. Au besoin, si l'on n'est pas très délicat et si on écrit pour des gens qui le sont encore moins, on se contente de piller le Larousse de la rédaction. Quand on possède de l'imagination et de l'esprit, on a d'autres ressources encore. Ainsi un soir de l'autre hiver, M. Catulle Mendès avait pour mission de raconter au public *le Chemineau* de Jean Richepin. Le Chemineau, c'est l'éternel vagabond, le nomade incorrigible que rien n'a pu retenir et fixer, ni l'intérêt, ni l'amour, ni la paternité, rien, pas même le bonheur, et qui, au dénouement, reprendra son bâton de voyage pour courir les routes jusqu'à ce qu'il tombe et meure dans un fossé. Oh!

cette grand'route! Quelle mystérieuse attirance elle exerce sur les cœurs et les imaginations des hommes! Beaucoup la subissent jusqu'à la mort; tous l'ont ressentie et y ont cédé à un moment quelconque de leur jeunesse. Et voilà M. Catulle Mendès qui interroge la grand'route, et qui dialogue avec elle, et qui veut lui faire livrer le secret de son étrange pouvoir!... Le morceau est charmant et je suis loin de me plaindre. Mais il est évident que cette page-là a été écrite d'avance. Nous autres, gens du métier, nous nous connaissons en copie comme le maçon connaît la brique et le plâtre. J'ai examiné de près un article de critique dramatique, signé d'un nom connu. J'y ai trouvé cent trente-trois lignes qui dataient de la veille et quatorze et demie qui avaient pu être écrites au sortir de la première. D'où il suit que si les critiques du lundi donnent quelquefois une impression un peu refroidie, les autres donnent une impression anticipée.

Je laisse de côté le *Soiriste*, le *Monsieur de l'Orchestre* et cette foule de courriéristes et de reporters qui ont pour tâche de critiquer les décors, les toilettes, d'offrir au public, en un bouquet, les potins des coulisses et des couloirs. Tous ces messieurs-là marchent sur les talons, quelquefois sur les orteils du critique, et il est si occupé à se défendre contre leurs empiétements qu'il en oublie presque de faire sa besogne.

Évidemment ceci ne regarde point les maîtres du feuilleton. A leur tête est toujours notre excellent Francisque Sarcey, celui que nous appelons « cher maître », et, plus familièrement, « mon oncle ». On comprend ce que ce mot-là veut dire. Une sorte de paternité plus indulgente, mais en même temps plus clairvoyante; une paternité sans responsabilité, mais aussi sans illusions. L'oncle Sarcey n'a point de passions, seulement quelques manies, qui sont fort connues à Paris et qui amusent énormément. Si les « dadas » de Sarcey venaient à manquer, cela ferait un vide dans la conversation parisienne. Il a son idée sur les plus hauts problèmes de l'art dramatique; il a également son idée sur chaque genre, sur chaque auteur, sur chaque artiste; il a encore son idée sur l'heure du spectacle et le prix des places. Sur toutes les questions, petites ou grandes, il a l'habitude d'aller tout droit devant lui jusqu'à la solution. Dumas, qui l'appelait à la fois son adversaire et son ami — prévoyant peut-être que sa mémoire littéraire n'aurait pas de meilleur défenseur, — lui rendait ce témoignage qu' « il donne toujours résolument et franchement ses impressions, même quand elles sont contradictoires ». Cette parfaite indépendance, cette honnêteté absolue que les sympathies personnelles les plus chaudes et les mieux justifiées ne font pas dévier d'une ligne, que n'influence aucune considération de vanité, de complaisance ou d'intérêt, est la qualité dominante et caractéristique de Francisque Sarcey. Ajoutez-y une profonde culture, fortifiée par quarante ans d'études et d'expérience, un esprit facile, naturel, spontané s'il en fut jamais, qu'on voit naître sous sa plume ou sur ses lèvres. Par-dessus tout, il est resté « public », et même « bon public ». Il aime encore le théâtre, chose incroyable, après y avoir passé tant de soirées. Il a vu dix fois tel vaudeville de Bisson et, à la dixième fois, il « riait follement dans son coin ». Un autre soir, c'est un mélodrame qui « l'a pris aux entrailles ». Avoir des impressions et les dire : cela semble très simple. Cependant il y a bien peu d'hommes qui en soient capables.

Sarcey incarne, sous une forme à la fois littéraire et bourgeoise, ce bon sens, cette logique qui a fait la fortune de l'esprit français, mais qui, aujourd'hui, le gêne un tout petit peu pour se transformer et s'élargir. Il a une immense bonne volonté, un sincère désir d'accueillir et de comprendre les nouveaux venus. Mais la pièce « bien faite » adhère à ses os ; elle a pénétré jusque dans son sang ; elle est devenue pour lui une seconde nature. Son critérium, c'est la vraisemblance et il y revient malgré lui, de la meilleure foi du monde, même lorsqu'il a cru ou voulu en employer un autre. Si on le pressait d'y renoncer, il pourrait dire comme Choppart, dans le *Courrier de Lyon* : « C'est ma tête que vous me demandez là ! » Quand même M. Sarcey, dans un excès de bienveillance et d'aménité, serait disposé à la donner, j'espère que personne ne sera assez imprudent ou assez cruel pour l'accepter.

M. Sarcey s'est imposé par la rondeur et l'énergie de ses convictions ; M. Lemaître s'est insinué par la grâce souple et l'ironique désinvolture de son doute. Il s'interrompait pour dire : « Je parle presque sérieusement ». Arrivé, dans quelque démonstration, au terme de son raisonnement et à deux doigts de conclure, il renversait ses arguments d'un coup de patte et s'avisait que c'est peut-être le contraire qui était vrai. Il avait un secret pour rendre ces badineries séduisantes, un secret qui est bien à lui, car il en a cuit à ceux qui ont voulu l'imiter.

Il n'a été violent et affirmatif qu'une seule fois : c'est lorsqu'il a « tué » M. George Ohnet. Tout doucement M. Ohnet était en train de devenir un grand écrivain. Il venait d'entrer à la *Revue des Deux Mondes* et il était sur la route de l'Académie. C'est alors que M. Lemaître a crié holà, qu'il a chargé et repoussé l'ennemi. Certainement il est bon que quelqu'un rappelle de temps en temps que le bruit n'est pas de la gloire et que tout papier imprimé n'est pas de la littérature. Mais était-il nécessaire d'aller jusqu'à mettre une corde dans les mains de M. George Ohnet en lui conseillant de se pendre « devant la statue de Flaubert? » M. Lemaître, qui a tant de ressources, n'avait-il pas d'autre moyen de se procurer de la corde de pendu? Il est vrai que M. Ohnet ne s'est pas pendu (probablement sous ce prétexte que Flaubert n'a pas encore de statue), mais c'est tout comme. Littérairement, il n'existe plus et il y a des morts qui sont bien plus vivants que lui. C'est là une preuve effrayante de la puissance qu'a eue, à un moment donné, M. Lemaître sur le public en général et sur la jeunesse en particulier. Il en a donné une autre preuve, moins édifiante. Il a démoli Renan et l'a reconstruit en trois jours. Un jeu charmant, mais un dangereux exemple. Qui sait s'il n'y a pas, en ce moment, un petit garçon qui joue à la balle dans les allées du Luxembourg et qui démolira à son tour M. Lemaître? Ce ne sera pas déjà si difficile, car il n'est pas d'un seul bloc et les morceaux ne tiennent pas bien ensemble. Alors qui le reconstruira?

Son successeur aux *Débats*, M. Émile Faguet, est un homme d'un tempérament tout différent. Prodigieusement fécond, doué d'une promptitude d'esprit et d'une facilité au travail que rien n'égale, donnant toute sa vie, toute sa force au labeur de la pensée et de la plume, il écrit partout, a l'œil à tout, la main dans tout. Il a vite fait de jauger un homme, de dégager l'idée d'une pièce, de synthétiser et de retourner un système dramatique. Je suis toujours un peu étonné que les escamoteurs soient d'honnêtes gens et il me semble surprenant qu'avec la merveilleuse dextérité intellectuelle que possède M. Faguet, il ne soit pas tenté d'être un peu sophiste. Mais non, il est la bonne foi en personne. Il cherche à comprendre les idées des Jeunes pour mettre de la méthode, de l'unité, de l'intelligence, dans leurs efforts. Il s'adresse à lui-même de loyales objections et il les accepte avec une phrase caractéristique : « Moi, je veux bien. Vous savez qu'en art je veux tout ce qu'on veut. Il suffit que l'on réussisse. » Voilà une formule très large, mais elle n'est pas cependant sans recéler quelque arrière-pensée ironique, comme le « Messieurs, faites des chefs-d'œuvre! » de M. Brunetière aux symbolistes. La jeunesse acceptera-t-elle M. Faguet pour directeur de conscience? Je le souhaite, je n'en suis pas sûr. Peut-être craint-elle qu'il ne garde, lui aussi, certaines habitudes d'esprit plus fortes que sa bonne volonté. Pour tout dire, c'est sa robe qui l'inquiète. M. Faguet est professeur.

Sarcey, Lemaître, Faguet, trois professeurs! L'autre jour, l'excellent critique du *Temps* commençait ainsi une phrase : « Quand j'étais professeur de rhétorique... » Puis, s'interrompant : « Mais est-ce que j'ai jamais cessé de l'être? » Non, cher maître, vous n'avez jamais cessé d'enseigner ni nous de nous instruire à votre école. A quoi reconnaît-on que Sarcey est un professeur? Ce n'est pas au pédantisme : il n'en a pas l'ombre. Mais c'est au tour didactique et surtout à ce qu'il se tourne plus volontiers vers le passé que vers l'avenir, vers les chefs-d'œuvre définitifs que vers les œuvres à naître, vers les vérités à enseigner que vers les vérités à découvrir. Il n'est jamais las de parler, je ne dis point seulement de Corneille et de Molière, mais de Dancourt, de Marivaux, de Regnard, des auteurs de troisième ordre, de la Comédie Italienne, du théâtre de la Foire et de mille autres vieilleries. Même tendance chez M. Lemaître qui, lui, n'est guère didactique et qui devait paraître bien plus journaliste dans sa chaire qu'il n'est professeur dans son journal. Prenez les premiers volumes des *Impressions de théâtre*. Un tiers appartient aux vieux auteurs, un autre tiers à Dumas, à Augier et à leur école. Le dernier tiers, j'éprouve quelque embarras à le dire, est accaparé par toutes sortes d'exhibitions : ombres chinoises, danseuses de corde, singes savants, chansons rosses et autres curiosités du même genre. Les tentatives d'art nouveau obtiennent une dizaine de pages où il est question de tout, excepté de la pièce dont le titre est inscrit en tête de l'article. A peine a-t-on effleuré ces modernités qu'on se hâte de revenir, pour y réchauffer son admiration et y retremper sa foi, à ces chers vieux modèles, à cet inimitable XVII° siècle qu'on voudrait ne jamais quitter. Ces complaisances rétrospectives charment beaucoup de lecteurs; elles écartent les jeunes écrivains qui cherchent un guide. Quand on veut aller en avant, on ne demande pas son chemin à des gens qui regardent toujours en arrière.

Tous les critiques sont-ils des professeurs? Certainement non. Ni M. Paul Perret qui est, depuis vingt ans, critique à *la Liberté* et dont le jugement est à la fois si franc et si délicat, ni M. Henry Fouquier, du *Figaro*, esprit fin et généreux, que la Politique avait pris aux Lettres, mais que les Lettres ont su lui reprendre, ni M. F. Duquesnel, du *Gaulois*, auquel son expérience d'ancien directeur donne une autorité particulière en bien des questions théâtrales, ni beaucoup d'autres que je m'abstiens de citer simplement parce que j'ai plus rarement l'occasion de les lire, ne sont des professeurs. Mais les uns sont fidèles à notre idéal classique, les autres encensent des idoles encore plus anciennes. Dans le groupe des romantiques attardés on cite Shakespeare et Victor Hugo comme les professeurs citent Racine et Molière, et peut-être sait-on moins bien qu'eux ce qu'on prône et ce qu'on veut. En somme il y a aujourd'hui deux « vieux jeux » : le vieux jeu classique et le vieux jeu romantique. Où chercher la critique d'avant-garde? Je vois une jeune revue qui commence à réunir autour d'elle des intelligences de valeur et qui me paraît destinée à jouer un rôle dans l'évolution contemporaine. Mais c'est hier seulement que la *Revue de l'Art dramatique* a pris position sérieusement sur le terrain des discussions de principes.

Je n'aurai pas fini avec la critique si je ne dis un mot de la critique parlée. Elle fleurit partout, mais surtout à la Bodinière et aux jeudis classiques de l'Odéon. Cette Bodinière est une longue salle, précédée d'une galerie encore plus longue et très propice à la conversation. Tout Paris y a passé et repassé. On y essaie les hommes, les idées, les genres, les systèmes. On y joue, on y pérore, on y chante, quelquefois tout ensemble, et il n'est pas rare d'y voir un conférencier en habit noir escorté d'une gentille artiste qui est la vignette et l'illustration de son texte. Tandis que, à la Bodinière, l'effort s'éparpille dans toutes les directions, il est, à l'Odéon, patiemment et intelligemment appliqué, depuis dix ans, à la restitution des œuvres disparues, à une sorte de revision littéraire des richesses oubliées de notre ancien théâtre. Plus de cent pièces ont déjà été exhumées, chacune avec une conférence explicative qui la replace dans le milieu où elle s'est produite, la définit, la classe et, jusqu'à un certain point, la juge sans trop manquer de respect au public, juge en dernier ressort. MM. Sarcey, Lemaître, Brunetière, Chantavoine ont ouvert la voie où les a suivis toute une génération de jeunes orateurs. Le jour où je suis allé à l'Odéon, c'était M. Eugène Lintilhac qui parlait et la pièce choisie était *le Prince Travesti* de Marivaux. Le public était très différent de celui que j'avais trouvé à la matinée des Français. Un public d'habitués, très éveillé, très causeur; des loges bourdonnantes, l'orchestre panaché d'actrices et de bas-bleus; un parterre d'étudiants et de collégiens, à la fois lettré et gamin, qui, à une heure et demie précise, s'est mis à réclamer le conférencier en l'appelant par son petit nom : « Eugène ! Eugène ! » Le rideau s'est levé et Eugène a paru. Il nous a fait un élégant discours bien divisé, bien nourri, agréablement débité, à une bonne température oratoire, ni trop chaud, ni trop froid. Il s'agissait d'inspirer quelque envie de voir la pièce, mais il s'agissait aussi de prouver qu'Eugène n'est pas une bête et qu'il savait très bien où le bât blesse son auteur. Marivaux est le peintre sans rival des commencements de l'amour. Une fois seulement, dans *le Prince Travesti*, il a voulu montrer l'amour adulte, ses larmes, ses combats, ses orages; il a glissé de l'idylle dans le mélodrame. C'était une erreur; elle explique pourquoi la pièce est tombée dans l'oubli et pourquoi elle va y retomber demain. En voilà pour un siècle !

Je m'étonne qu'un directeur anglais n'ait pas encore eu l'idée de transporter à Londres ces matinées classiques où défileraient trois cents ans de théâtre, depuis *Gorboduc* et *Gammer Gurton's Needle* jusqu'aux comédies de Douglas Jorrold. Certes ni les artistes, ni les conférenciers, ni le public ne manqueraient à l'appel. Ce serait charmant.

Ce serait charmant, mais il ne faudrait pas compter là-dessus pour façonner ou mûrir le drame de demain. Rien à apprendre pour les jeunes auteurs à ces conférences de l'Odéon dont le seul but est d'épousseter pieusement, en famille, des reliques dramatiques, sans valeur pour d'autres que des héritiers. De sorte que ces jeunes auteurs restent livrés à eux-mêmes, au milieu d'une sorte de chaos, entre des moules usés et des formes ébauchées, sollicités par les tendances les plus diverses, les plus contradictoires et s'épuisant à concilier des choses incompatibles, ou essayant d'être eux-mêmes et ne se trouvant plus quand ils se cherchent.

V

La Comédie nouvelle :
Jules Lemaître, Brieux, Henri Lavedan.

Nous avons effleuré Jules Lemaître critique : il faut nous arrêter plus longtemps devant Jules Lemaître écrivain dramatique. Ce ne sont pas, après tout, deux hommes si différents. S'ils semblent l'être au premier coup d'œil, c'est que les qualités de l'un sont devenues les défauts de l'autre, et réciproquement. A la réflexion le dualisme de Jules Lemaître le critique et de Jules Lemaître le dramaturge s'évanouit; il ne reste plus devant nous que Jules Lemaître le moraliste. Car je suis obligé de revenir à cette vérité qui paraît avoir étonné quelques-uns de mes lecteurs anglais : nous sommes une nation de psychologues et de moralistes. C'est même ce qui nous fait perdre, de temps en temps, une étape sur les autres peuples. Pendant que nous regardons en dedans de nous-mêmes, ils marchent et agissent; leur littérature elle-même est de l'invention et de l'action.

Par son âge, par son éducation première, qui remonte aux dernières années de l'Empire, Jules Lemaître appartient au passé. Il a pris la robe virile, Dumas et Augier étant consuls. Ces premières émotions de théâtre qui décident de la vocation chez un adolescent et marquent à jamais son caractère en littérature, c'est d'eux qu'il les a reçues. Comme normalien et comme professeur, il a fait partie d'une élite, d'une corporation. Il a écrit dix ans dans un journal où les traditions sont puissantes. Récemment, il est entré à l'Académie, c'est-à-dire dans le corps le plus réactionnaire et le plus réellement aristocratique que nous possédions en France, dans la compagnie la plus dominatrice et la plus absorbante sous le libéralisme aisé et la cordialité accueillante de ses manières. Dans de tels milieux, l'esprit le plus indépendant ne peut éviter de prendre certain pli. D'un autre côté M. Jules Lemaître a tout vu, tout lu, tout compris. Schopenhauer, Tolstoï, Ibsen ont traversé son esprit comme un prisme où ils s'allègent et se dissolvent en s'irisant. Trop artiste pour être vraiment triste ou tout à fait gai, son pessimisme se répand ainsi qu'une vapeur, une gaze autour de son talent, prête à ses pensées une grâce rêveuse, intime, alanguie, dont ne se seraient jamais avisés les esprits de même nature et de même provenance il y a trente ans. De son fauteuil de critique, il a vu finir une école et il en a vu naître une autre; il a constaté les défauts de la « pièce bien faite », l'excès d'intrigue, l'abus de l'esprit. Il a assisté à la faillite de l'École Naturaliste et il en a noté les causes. Il s'est dit : « Voilà qui est bon, voilà qui l'est moins. Ceci est à prendre; ceci ne vaut rien; ceci peut être risqué avec un correctif. » C'est ainsi qu'il est arrivé à l'éclectisme.

Il y a, en effet, un éclectisme pour les médiocres; il en est un autre pour les esprits supérieurs. Le premier consiste à pratiquer tous les systèmes à la fois; le second à les essayer l'un après l'autre. Le premier ne produit, en littérature et en art, que des œuvres bâtardes et vulgaires, mais il doit en France une sorte de succès à notre goût inné pour la mesure, le juste milieu et le compromis. Le second éclectisme est provisoire comme le doute de Descartes; c'est un instrument ou une méthode de recherche; on l'abandonne quand on a trouvé une formule définitive. Tel est, je crois, l'éclectisme de M. Lemaître.

Toutes ses pièces, jusqu'ici, sont des expériences. Il nous a donné de la satire politique et sociale dans *le Député Leveau*, de la psychologie dans *le Mariage Blanc*, de la psychologie, encore, mais d'une note toute différente, dans *le Pardon*, quelque chose qui ressemble fort à une comédie-rosse dans *l'Age difficile*, un badinage scolaire dans *la Bonne Hélène*, enfin, dans *les Rois*, une tragédie moderne qui a tout d'un drame historique excepté l'histoire; encore serait-il trop facile de l'y découvrir si on la cherchait. Seule, sa première pièce, *Révoltée*, est de tous les styles et de tous les genres. Mais l'éclectisme n'a rien à y voir. C'est bien « la première pièce ». Ébauchée, abandonnée, reprise et achevée, puis dédaignée, puis reprise encore et refaite, on la porte longtemps dans sa malle après l'avoir portée plus longtemps encore dans sa cervelle. On y jette, un peu pêle-mêle, tout ce qu'on a pensé, senti, vécu, entre la vingtième et la trentième année, réminiscences personnelles et littéraires, larmes et théories, inimitiés, rêves, amours, déceptions, colères, toute la jeunesse!...

Je ne demanderai à *Révoltée* ni confidences autobiographiques ni allusions aristophanesques. Ce que je tiens à noter, c'est que, tout le long de la pièce, deux tendances, deux systèmes dramatiques alternent ou se combattent. Exemple, l'exposition. Elle est double. D'abord une brillante conversation à la Dumas où les caractères se posent et s'expliquent en parlant de la pluie et du beau temps, de l'Académie, des prix de vertu, de la littérature courante. Après quoi nous entrons de plain-pied dans l'analyse psychologique pure et directe, qui prend la forme d'une sorte de confession. Ce détail me semble caractéristique; il marque bien une période littéraire où l'esprit hésite encore et essaie de servir deux maîtres.

Il y a dans *Révoltée* un caractère et une situation. Une femme du monde a, dans sa jeunesse, commis une faute qu'elle a réussi à cacher. Elle a veillé de loin sur l'enfant née de cette faute, mais sans se révéler et en se donnant à elle pour une amie de sa mère. La jeune fille a grandi; elle est mariée à un professeur de talent et d'avenir. Mais Hélène doit à son origine secrète, ou à la position même de son mari, des goûts de luxe et d'émotions que son humble fortune ne peut satisfaire. En effet, par suite d'un groupement spécial de la société parisienne, la femme d'un professeur *a vue* sur la haute vie sans pouvoir y jouer un rôle. Elle appartient à une élite intelligente qui, en bien des manières et en bien des lieux, coudoie l'aristocratie de naissance et d'argent. Elle peut se faire l'illusion d'en être jusqu'au moment où son amie la comtesse ou la femme du banquier remonte dans son landau et l'éclabousse tandis qu'elle regagne à pied ou en omnibus son cinquième étage. Pour lui permettre d'aller au bal avec une robe reteinte et des bijoux mesquins, il faudra que son mari donne des leçons du matin au soir. On a beau lui dire et lui répéter que c'est un homme de valeur : on ne peut pas aimer un esclave et un esclave n'a pas le temps d'aimer. Est-ce tout? Non : les pires impatiences, les pires amertumes sont celles qui n'ont ni nom précis, ni cause définie, les maladies dont on voit les effets mais dont on ne trouve pas l'origine, ni le siège, encore moins le remède. Hélène est une révoltée : révoltée contre tout, contre la vie, contre la société, contre la religion, contre son mari qui l'aime trop et ne l'aime pas assez, contre cette mère qui lui a donné tous ses besoins et toutes ses affinités sans rien de ce qui peut y répondre. Que cette mère s'avoue enfin et lui ouvre les bras : au lieu d'y tomber, elle se tâte, s'interroge et, ne sentant rien, se refusera à la scène d'effusion qu'on attend d'elle. Cela est dur déjà pour Mme de Voves qui croyait avoir expié. Plus dure encore l'absolue et dédaigneuse condamnation qui tombe des lèvres de son fils. Lorsqu'elle s'efforce, par un aveu partiel, de l'intéresser à Hélène, lorsqu'elle plaide la cause de la mère coupable, elle se heurte aux impitoyables arguments, à la vertu sans accommodements et sans nuances de ce moraliste de vingt-cinq ans. Pour le faire taire, pour obtenir sa pitié, son aide dont elle a besoin, il lui faut aller jusqu'au bout de sa triste confession. L'indifférence de sa fille et le mépris de son fils, c'est sa punition.

En écoutant l'Hélène de Jules Lemaitre, comment ne pas penser à la Gabrielle d'Augier? Même inquiétude sans nom, même aversion pour l'homme qui travaille, qu'il soit homme de science ou homme de loi. Il est probable qu'Hélène traiterait le volume d'Euclide, trouvé sur la table du salon, comme Gabrielle traite le code, « ce vilain livre gras! » Je ne reprocherai pas à M. Jules Lemaître d'avoir recommencé, en 1890, la psychologie de la femme qui s'ennuie, en lui donnant des traits nouveaux qui la particularisent et qui la datent. On l'avait faite avant Augier; on la refera après M. Jules Lemaître. Mais ce qui est vraiment malheureux, c'est qu'il n'ait trouvé, pour conclure, d'autre moyen que celui dont avait usé son devancier. Pour que le professeur, comme l'avocat, puisse reconquérir l'amour de sa femme, il faut qu'il sorte de son caractère, qu'il se donne un démenti à lui-même; il faut que ce petit bourgeois aille sur le terrain, mette flamberge au vent, joue au preux, se pavane en héros pendant quelques heures. Demain le héros aura de nouveau disparu; le professeur recommencera à professer : « Soit un triangle A B C... » Et alors où ira le cœur d'Hélène?

Le Député Leveau visait à être une étude complète de notre société politique actuelle ou, du moins, de ce qu'elle était il y a sept ans, car les situations se transforment rapidement. L'auteur avait couvert toute sa toile. Au lieu d'un député, nous en avions trois : le radical ou l'homme des nouvelles couches, le libéral centre gauche et le droitier, c'est-à-dire l'homme des traditions monarchiques et aristocratiques. Le premier représentait la sève, la force qui est dans le peuple; le second, l'intelligence qui réside dans la bourgeoisie. Et le troisième, que représentait-il? L'honneur, l'esprit chevaleresque? Mon Dieu, non. Il représentait le chic, tout simplement. Le socialisme n'apparaissait même pas et c'est là sans doute une des raisons qui ont très vite vieilli cette pièce. Elle ne répond que partiellement à l'état actuel des choses, aux relations des partis, au groupement des forces sociales. D'ailleurs, je ne crois pas me tromper en disant que les députés, comme matière à théâtre et à romans, ont cessé de plaire. L'intérêt se retire de ces gens-là. Ils ennuient la France.

La pièce, il faut le dire, avait bien assez de ses propres défauts sans avoir à lutter contre ces désavantages externes. Des trois députés mis en scène, un seul est vivant, les deux autres sont des personnages peints sur la muraille. Le centre gauche parle beaucoup et agit peu. Ce n'est pas un caractère, c'est un article du *Journal des Débats*. L'homme de la droite, nullité parfaite, n'a qu'une scène et n'en profite pas. Le vrai député, c'est sa femme. Elle eût pu être une figure originale, et n'est rien que la « grande dame » de théâtre, un rôle pour Mme Hading, c'est tout dire : tout en robes et en sourires. M. Jules Lemaitre, sans chercher loin, n'aurait pas eu de peine à trouver dans la vieille société française de meilleurs modèles, des types plus intéressants et plus compliqués.

Leveau n'est qu'à moitié réussi. Est-ce la vanité, est-ce le désir qui le jette aux pieds de cette marquise insipide? Est-ce tous les deux à la fois? N'abuse-t-il pas du droit qu'a le cœur d'être « nigaud », suivant le mot d'un amoureux célèbre? Un peu enfantin et ridicule lorsqu'il parle d'amour, il se retrouve lorsqu'il est en colère et, au quatrième acte, il a une façon vraiment superbe de se retourner contre ses alliés de la veille et de dénoncer le pacte qui lui a été si fatal. Mme Leveau est ce qu'elle doit être : la provinciale dépaysée, geignarde, sans tact et sans charme. Elle se confesse au premier venu, ne sait que bouder et se plaindre. Elle nous agace, nous dégoûte presque lorsqu'elle regrette tout haut, devant sa fille, la rupture de l'intimité conjugale.

Mais quelle brave femme, pourtant, et comme elle défend son foyer, son nom et les droits de son enfant quand le moment est venu! Comme cette muette, cette illettrée réduit au silence ce tribun dont la profession est d'être éloquent! Rarement la petite bourgeoisie française, avec ses ridicules honorables et ses déplaisantes vertus, a été mieux peinte sur la scène et peut-être est-ce précisément la justesse, la modération de la touche qui, au théâtre, a fait paraître cette figure terne, indécise, endormante. Mme Leveau est un caractère de roman.

Au fond cette psychologie d'un rude parvenu, de ses soifs et de ses appétits ennuyait M. Lemaître. Il trouva un sujet bien mieux approprié à ses délicates facultés dans *le Mariage Blanc* qu'il porta à la Rue Richelieu. Il avait été fort irrité contre la Comédie-Française qui avait fait à *Révoltée* l'affront de la recevoir « à correction ». Il s'était moqué des sociétaires dans la personne de Rosimond et de sa femme, au premier acte du *Député Leveau*. Mais le Théâtre-Français est comme l'Académie ou *le Figaro*. Ces grandes maisons, qui distribuent la gloire et qui expédient à l'étranger, ne gardent jamais rancune aux hommes de talent, ni eux à elles. Le besoin réciproque les réconcilie.

Dans un coin paisible de cette côte méditerranéenne, poétique sanatorium qui est aussi un lieu de plaisir et où les uns viennent pour vivre plus vite, les autres pour mourir plus doucement, une mère a conduit ses deux filles. L'une belle et pleine de santé, l'autre une délicieuse petite mourante, en qui la puissance d'aimer est suractivée par le pressentiment de la destruction comme la puissance odorante des fleurs par l'approche de l'orage. On s'empresse autour de Simone; on obéit à ses moindres caprices. Tout, dans la vie de ces trois femmes, est arrangé en vue de sauver ou de prolonger cette chère existence. Quant à Marthe, elle se porte bien : que peut-elle demander de plus? Elle n'est pas intéressante. Qu'importe si ses vingt-cinq ans, si son admirable beauté (c'est Mlle Marsy qui joue le rôle, l'inévitable Mlle Marsy!) se consument dans la solitude où ils n'attireront jamais l'attention d'un mari!

Cependant il y a un homme dans cette maison et sa présence agite un peu les deux jeunes filles. C'est un mélancolique et un fatigué, qui a beaucoup aimé, puis beaucoup philosophé. La sensualité, apaisée ou affinée, mais non éteinte, a laissé dans son âme une place assez large pour que la pitié puisse s'y glisser. A l'âge et de l'humeur dont il est, il n'y a qu'un problème à résoudre, une sensation rare qui puisse le tenter. De ces deux jeunes filles rencontrées par hasard, il n'en voit qu'une seule, celle qui va mourir, et l'idée lui vient d'offrir à cette condamnée l'illusion d'un jour de bonheur. Il épousera Simone. Comment il se déclare à la jeune fille, persuade la mère, fait taire les scrupules du médecin, tout cela nous est montré avec une habileté supérieure qui prévoit les objections et rase les écueils. Simone semble ressuscitée. Elle a oublié que, tout à l'heure, elle parlait de marier à sa sœur M. de Tièvre, qu'elle avait presque arraché à Marthe un aveu. On ne la croit donc pas perdue puisqu'on l'épouse? L'espoir de vivre rentre en elle avec la joie d'aimer.

Les voilà mariés. Mais comment M. de Tièvre va-t-il jouer son rôle de mari garde-malade, soutenir le doux mensonge, achever la bonne action? Et d'abord, est-ce vraiment une bonne action? Si l'on a pu dire que tout est pur pour les purs, ne pourrait-on pas dire, avec bien plus de raison, que tout est sensuel, même le dévouement, même la pitié, chez ceux qui ont beaucoup vécu par les sens. Il faut bien que nous le comprenions à la fin, si nous ne l'avions déjà pressenti : tout n'est pas abnégation, charité, sacrifice dans cette intimité d'un homme qui sait trop la vie avec une enfant qui l'ignore, qui se croit femme parce qu'elle est mariée et qui lui laisse savourer ses virginales émotions. Si discret qu'ait été ici M. Lemaître, il pouvait l'être plus encore et j'ose l'assurer qu'on lui rend service au Théâtre-Français lorsqu'on omet certains mots et certaines phrases dont le sens est un peu trop clair. Même au point de vue exclusif de l'art, il y a des pensées qui gagnent à n'être que suggérées.

Cette étrange intimité, qui a séduit ce blasé par son étrangeté même, prend un caractère plus ardent à mesure que la jeune femme semble se reprendre à l'existence. Les situations fausses sont les plus délicieuses de toutes et ces singuliers époux continueraient à jouir de leur curieux bonheur, fait de réticences et de malentendus, si le cri de la passion vraie et vivante, qui souffre et se plaint, ne rompait le charme. Qui l'a poussé, ce cri? C'est Marthe qu'on a oubliée et qui n'a pu réussir à reprendre son cœur, ni renoncer à être aimée. M. de Tièvre a un instant de faiblesse devant l'amour qu'il a inspiré à cette belle fille. Simone a été témoin de cette défaillance et elle en meurt.

Le Pardon est une œuvre très fine que quelques admirateurs de M. Lemaître préfèrent à toutes les autres. En effet il n'a jamais déployé avec plus d'avantage cet art des nuances et des gradations dans l'expression des sentiments humains où il est vraiment maître. Jamais il n'a mieux mérité d'être considéré, lui aussi, après Dumas, comme un moraliste. Mais la morale de M. Lemaître ne servira guère à la conduite de la vie ordinaire. La morale doit être quelque chose de très solide et de très résistant comme le parapluie du paysan, qui se rend au marché. Or celle-là, c'est tout au plus l'élégant *en-cas* d'une jolie femme qui va voir courir le Grand-Prix. Comment tiendrait-elle, cette morale souple, chatoyante, subtile, presque voluptueuse, contre la grêle de nos passions et la petite pluie obstinée et pénétrante de nos sophismes? Dans le cas de Georges et de Suzanne elle prétend me persuader qu'il est relativement facile de se repentir, mais qu'il est très difficile, presque impossible de pardonner, à moins qu'on n'ait commis soi-même la même faute. Dans ces conditions pardonner à l'autre coupable, c'est se pardonner à soi-même et il est si aisé d'être indulgent dans sa propre cause! L'idée est paradoxale sans être tout à fait neuve. Dumas l'avait traitée dans *Francillon*, sans la pousser jusqu'au bout. Cette fois c'est la femme qui a péché la première. On lui permet de recommencer la vie conjugale. Mais c'est pour y être torturée de pénibles questions, humiliée de cruels souvenirs ou de comparaisons encore plus cruelles, offensée de doutes sans cesse renaissants. Ainsi jusqu'au jour où certaine amie, qui a joué le rôle dangereux de conseillère, accepte celui de consolatrice, qui l'est bien davantage. Et voilà les époux brouillés? — Non, mais réconciliés pour de bon. L'adultère du mari annule l'adultère de la femme. L'un et l'autre disparaissent comme des valeurs égales qu'on efface à la fois dans les deux termes d'une équation.

C'est, avec un traitement beaucoup plus délicat, le dénouement presque inévitable des pièces du Théâtre-Libre : « Je ne vaux rien, tu ne vaux pas grand'chose, embrassons-nous! » M. Lemaître, a été encore plus « théâtre-libre » dans *l'Age difficile*. Entre son mari, un chevalier d'industrie, et son père, un vieux « marcheur » en qui trente ans de *fête* ont oblitéré les derniers vestiges du sens moral, Yoyo est une petite gueuse très amusante, mais aussi répulsive que les héroïnes de M. Jean Jullien et de M. Paul Alexis. Seulement M. Lemaître s'est repenti à la dernière minute comme le bon larron, et, à minuit moins un quart, nous a débarqués en plein optimisme, en pleine vertu.

M. Jules Lemaître a énormément d'esprit. S'il était né vingt-cinq ans plus tôt il se serait appelé Edmond About; cinquante ans plus tôt, Prosper Mérimée. Il y avait donc chez lui une sorte d'héroïsme à écrire des pièces où l'esprit n'avait point de place, à moins que ce ne fût la coquetterie, très légitime, de montrer qu'il a d'autres dons, et de plus précieux encore. Quoi qu'il en soit, sauf quelques coins dans le premier acte de *Révoltée* et dans le premier acte du *Député Leveau*, les spectateurs de M. Lemaître avaient été sevrés de ces drôleries originales qui avaient tant charmé ses lecteurs. Mais, dans *l'Age difficile*, l'esprit coule à flots, sans nuire à la fine observation morale. La scène d'explications entre Pierre, infidèle, et sa femme Jeanne, au commencement du deuxième acte, est délicieuse de vérité et de comique et serait un chef-d'œuvre si, après un début admirable, elle ne devenait raisonneuse, pédante, presque ennuyeuse. Mais il faut dire un mot du principal caractère, de celui qui fait la pièce, si j'en juge par le titre. Quel est « l'âge difficile »? C'est la soixantième année. Bien entendu cet âge n'est pas difficile pour celui qui a su vieillir et a fait, d'avance, sa provision d'affections pour la saison de la vie qui ne produit plus ce fruit-là. C'est l'âge difficile pour le vieux garçon qui se console avec les paternités à côté et qui est obligé de s'introduire dans le bonheur des autres pour s'en faire un à lui-même. Lorsqu'il s'aperçoit qu'il est de trop, il tombe dans un autre danger : Yoyo. Ces deux syllabes ont une saveur mélangée d'enfantillage et de corruption qui me dispense d'insister. Qui le sauvera de Yoyo? Une pure et chaste amie qui sort de son passé comme d'une tombe et qui est prête à réaliser le rêve interrompu il y a trente ans. Entre la sainte et la coquine, il opte pour la sainte. Malheureusement la seconde est infiniment moins réelle, moins vivante que la première et il est à croire que Yoyo laissera de plus longs souvenirs aux spectateurs de tout âge. Ce dénouement est très vertueux, mais j'ai peur qu'il ne soit encore plus mauvais que celui du *Pardon*.

Je ne suis nullement intimidé par le fait que *les Rois* ont reçu un assez froid accueil du public. C'est peut-être la meilleure pièce de M. Lemaître, celle qui — avec *le Mariage Blanc* — était le mieux dans ses moyens. Cela commence comme une pièce de Dumas. Des passants, des êtres quelconques, que nous ne reverrons plus, nous mettent au courant de la situation et des caractères. Au second acte, nouvelle exposition, destinée à nous faire connaître le Prince Otto qui n'est, après tout, qu'un personnage secondaire. Cette action, si lente à s'ébranler, remplit le troisième et le quatrième acte. Pour les spectateurs vulgaires, la pièce est alors finie par la mort du héros et, sans la présence de Sarah Bernhardt, on aurait écouté distraitement le cinquième acte. Pourtant ce cinquième acte renferme des beautés de pensée et d'expression qui sont de tout premier ordre. Si l'on excepte le caractère du Prince Otto qui est, évidemment, emprunté à l'histoire contemporaine et traité d'après les procédés naturalistes, la pièce est une tragédie. Tous les personnages, depuis le roi jusqu'au vieux garde-chasse, expriment des sentiments un peu plus grands que nature et appartiennent au monde héroïque. En lisant *les Rois*, j'ai senti quelque chose de ces austères et profondes émotions que m'inspiraient, il y a bien des années, les paroles de ce sublime rêveur, le marquis de Posa, dans le *Don Carlos* de Schiller. Un jour viendra peut-être, quand les œuvres qui font vibrer notre sensibilité paraîtront froides et affectées à d'autres générations, où l'on écoutera *les Rois* avec ce religieux respect que nous apportons à la représentation de *Polyeucte* et d'*Athalie*, tout entiers à la beauté de la forme, attendant les fines pensées, les grandes paroles, les éclairs de passion, peu soucieux de savoir si c'est « du théâtre » suivant l'étroite formule qui a prévalu de 1840 à 1890. Alors les fautes de construction ne blesseront plus personne et la conclusion, qui nous paraît trouble, semblera lumineuse si l'évolution historique l'a éclaircie et justifiée, en prouvant que la lutte de la monarchie et de la démocratie est, en effet, sans issue; que les rois n'ont plus ni la force de gouverner, ni le droit de se dévouer, pas même celui d'abdiquer; que leur dernier et triste devoir est d'attendre la fin, couronne en tête et sceptre à la main, en gardant intact jusqu'au bout l'héritage du passé qui meurt avec eux.

La dernière expérience de M. Lemaître, c'est l'*Aînée*, cette jolie comédie qui a, ce printemps, presque déguignonné le Gymnase. La jeune fille qui emploie, plus ou moins innocemment, pour conquérir un mari à peu près les mêmes artifices que la courtisane pour attraper un amant, chatouillait depuis longtemps cette imagination si élégamment perverse. Je sentais qu'il mourait d'envie de nous conduire dans un de ces aimables presbytères qui ressemblent à des pensions de demoiselles et où l'on flirte encore plus qu'on ne cite la bible. Il nous y a enfin conduits. Où sommes-nous au juste? Les noms de personnages sont allemands; les noms de lieux semblent appartenir à la Suisse romande et les mœurs m'ont bien l'air d'être anglaises. Mais on ne va pas au Gymnase pour apprendre la géographie, et la latitude importe peu. La pièce forme un roman, en action, fait, à dose égale, d'observation et de moquerie, amusant d'un bout à l'autre, même dans les moments dramatiques qui n'ont rien de pénible. Elle est agréablement mal jouée. Une débutante qui « récite » son rôle, donne parfaitement l'idée de ces vertus apprises par cœur que trouble le premier contact avec la passion vivante. Mlle Yahne se fait tout doucement une réputation dans les rôles de tentatrice, et ses petits moyens la servent assez bien dans cet emploi où elle peut, au besoin, être suppléée, quand elle sera fatiguée de séduire, par sa petite camarade Mlle Dallet.

Et le sens de la pièce? — Car M. Lemaître est incapable d'écrire une pièce qui n'ait une signification quelconque. Si je ne me trompe, le voici. C'est qu'il n'y a de naturel que l'amour, pris, j'en ai peur, au sens le plus matériel de ce mot. Le devoir est un effort et, dès que l'effort cesse, dès que la lassitude ou la tentation est trop forte, la nature reprend ses droits. Il paraît bien que M. Lemaître, tout en sympathisant avec les défaillances, honore et conseille l'effort. Pourquoi? au nom de qui? oserai-je lui demander. Si ce n'est pas pour faire plaisir au « bon Dieu » du pasteur Petermann, pour qui diable! nous exténuons-nous à pratiquer ces difficiles vertus, tandis qu'il serait si agréable de nous vautrer parmi les fleurs et de danser des danses taïtiennes?

M. Lemaître va continuer ses études de psychologie dramatique. Jusqu'ici il a cherché à éliminer de son théâtre ce qu'il y avait de plus artificiel dans le système de Scribe et de trop brutal dans les tentatives du Théâtre-Libre. C'est en quoi le critique a aidé le dramatiste. Mais ce programme est purement négatif. Du théâtre composite de M. Lemaître ne se dégage encore aucune impression d'ensemble. Sa faculté la plus éminente semble le don d'assimiler en raffinant. Mais en essayant l'une après l'autre toutes les formes de l'art, peut-être découvrira-t-il sa propre et définitive originalité; peut-être, après s'être tant répandu, va-t-il se concentrer et se creuser. Attendons *l'Aventurier* que nous promet la Porte-Saint-Martin et que le succès inouï de *Cyrano* a indéfiniment ajourné.

Nous avons vu M. Brieux débuter brillamment parmi les auteurs du Théâtre-Libre, avec *Blanchette* et *Ménages d'Artistes*. Les uns l'accusent, les autres le félicitent d'avoir beaucoup changé depuis lors. Je ne trouve pas ce changement aussi radical qu'on veut bien le dire. Si M. Antoine y avait regardé de près, il aurait vu, dans *Blanchette* et dans *Ménages d'Artistes*, passer le bout de l'oreille de la fameuse pièce à thèse dont le nom seul lui donnait des convulsions. Depuis, M. Brieux s'est affirmé dans ce rôle de critique et de satiriste, si différent du peintre et de l'anatomiste impassible, que réclamait l'école naturaliste. Il a eu l'audace de conclure; il a même donné à l'une de ses pièces, *les Bienfaiteurs*, le caractère d'un théorème social sous forme dramatique.

Ce qui est plus grave aux yeux des « Jeunes », c'est que, chemin faisant, il est tout doucement revenu aux procédés de l'ancienne école et qu'il a fait jouer des pièces divisées, aménagées, conduites à peu près comme celles de Dumas et d'Augier.

Cette question de procédés ne me touche pas beaucoup. La pièce « bien faite » était un système comme un autre ; il doit y avoir, il y a certainement bien d'autres façons de faire du théâtre, puisqu'on a fait du théâtre par des moyens différents avant la naissance de M. Scribe. Quant à la pièce à thèse, si la thèse est bonne, pourquoi la pièce ne le serait-elle pas? Faut-il, comme le disait récemment un excellent critique, attendre pour la mettre à la scène que l'idée en question ait pénétré dans les âmes, qu'elle y soit devenue un sentiment et que le sentiment ait pris la force d'une passion? Ne suffit-il pas que l'idée soit une passion chez l'auteur du drame, comme l'est, par exemple, l'égalité des sexes chez Dumas fils? Ne peut-on faire pivoter un drame que sur les passions elles-mêmes? Ne peut-on lui donner précisément pour sujet la naissance des sentiments qui dérivent des idées, des intérêts, des lois, des situations sociales? Il me semble qu'on le peut et qu'on le doit.

Mais lorsqu'on écrit des pièces de ce genre, lorsqu'on ne touche plus aux travers particuliers de tel ou tel, mais qu'on s'attaque aux professions, aux classes, aux institutions, à des principes de conduite, qui gouvernent la société, il ne suffit pas d'être un ingénieux moqueur, doué d'observation et d'esprit. Il faut beaucoup de réflexion et d'étude, une conviction robuste, sûre d'elle-même. Il ne faut pas frapper à faux ni dans le vide, toucher à tout à la fois, envelopper dans la même satire les coupables, les ignorants, les maladroits et jusqu'à ceux dont le seul crime est de n'avoir pas réussi. M. Brieux s'en est pris successivement à l'instruction populaire (*Blanchette*), à l'art (*Ménages d'artistes*), à la science (*l'Évasion*), au suffrage universel (*l'Engrenage*), à la charité (*les Bienfaiteurs*). Tant pis pour lui si nous ne le croyons pas et tant pis pour nous si nous rions avec lui, car, en vérité, toutes ces choses-là sont bonnes et nous avons besoin de les garder. Oh! j'entends : M. Brieux ne les raille pas, il en critique seulement l'abus, l'excès, la déformation, l'application imbécile et fausse. A la bonne heure, mais le théâtre veut des conclusions nettes, un franc parti pris. Le « qui sait? » le « peut-être! » le « oui et non », si bien à leur place dans un volume de philosophie fantaisiste, ne valent rien à la scène. M. Brieux risque de n'être pas compris, et quand on n'est pas compris c'est qu'on ne se comprend pas parfaitement soi-même.

Cela lui est arrivé au moins une fois quand il a écrit *les Bienfaiteurs*. Cette pièce contient d'excellents épisodes comiques qui prouvent surabondamment le talent de l'auteur, particulièrement lorsqu'il s'agit de mettre en scène les types populaires. Prise dans son ensemble, elle déconcerte, elle irrite presque.

Au début, nous faisons avec le plus grand plaisir la connaissance de l'ingénieur Landrecy et de sa femme. Landrecy a une belle invention scientifique à appliquer, plus certaines idées sur les relations du travail et du capital qui nous paraissent honnêtes et justes. Sa femme est pleine de pitié pour les souffrances de toute sorte. L'un et l'autre ils veulent le bien et sont prêts à le faire. Que leur manque-t-il? Un peu d'argent. Justement voici quelqu'un qui le leur apporte. Un frère de Mme Landrecy, que sa famille avait oublié et qui semblait avoir oublié sa famille, reparaît avec des millions plein les mains. Il se prêtera à la double expérience. Landrecy, dans son usine, sera maître d'appliquer son secret et d'appeler ses ouvriers au partage des bénéfices; Mme Landrecy réalisera toutes ses idées pour le soulagement des pauvres et des malades, pour la réhabilitation et le relèvement de ceux ou de celles qui ont failli.

Mais les choses ne tournent pas comme ils l'ont espéré et le public, qui avait applaudi chaudement à leurs beaux rêves et à leurs bonnes œuvres, partage leur désappointement. Il en est attristé et comme humilié. Nous voyons bien que la bienfaisance, mal conçue et mal dirigée, de Pauline Landrecy et de ses amies favorise souvent de faux repentirs au détriment de l'honnêteté laborieuse ; que les ambitions électorales, les rivalités d'école, de parti, de salon se mêlent à cette charité et la corrompent ; que le flirt y trouve son compte ; qu'elle fait vivre de fort vilains bonshommes, les bureaucrates, les *ronds-de-cuir* de la charité. Nous voyons ces « bienfaiteurs » fort penauds d'un suicide qu'ils n'ont pu empêcher, se jetant ce cadavre à la tête et se disculpant par des sophismes. Voilà bien *quelques* erreurs de la charité. Admettons un moment — ce qui est absurde — que ces erreurs compensent et neutralisent tout le bien qui se fait dans le monde. Mais Landrecy ? Son invention était sérieuse ; sa théorie économique — la participation de l'ouvrier aux bénéfices — était parfaitement saine. Quel est son tort ? C'est d'avoir cru à l'intelligence et à la bonté du peuple et de se montrer un peu raide, un peu nerveux avec ses ouvriers mutinés, quand il a découvert sa méprise. Pourquoi l'envelopper dans la disgrâce de sa femme et obliger ce brave homme à écouter une leçon qu'il n'a point méritée ? C'est que M. Brieux, non content d'entamer un problème trop lourd pour lui, en a entamé deux. L'extinction du paupérisme et l'organisation du travail : rien que cela! C'est trop pour une seule soirée; ce serait même trop pour une seule vie. En ce qui touche la charité, que nous dit-on? Qu'il faut la faire, mais que c'est, en vérité, malaisé de la bien faire; que « faire l'aumône ce n'est pas faire la charité »; qu'il faut traiter ceux qu'on oblige comme des hommes, « envelopper le bienfait dans une bonne parole », etc. Mais Landrecy, sa femme et nous tous, nous savions cela dès le premier acte, et peut-être avant qu'on inscrivît sur les registres de l'état-civil un enfant du sexe masculin appelé Eugène Brieux. Je sais bien quelle morale l'Égoïsme tirera de cette pièce. Une morale commode, facile à suivre : l'abstention. Et ce sera dommage, car mieux vaut la bonté, même mal placée, le dévouement, même privé de lumières; mieux vaut, comme l'a dit spirituellement M. Faguet, mal faire le bien que bien faire le mal.

Si la thèse soutenue dans *les Bienfaiteurs* n'est pas assez claire, celle qui fait le sujet de *l'Évasion* l'est beaucoup trop. C'est plus qu'une moquerie, c'est une attaque en règle contre la science. La fausse science? Non pas, mais la vraie, celle que nous avons l'habitude et le devoir de respecter. D'abord il est un peu perfide d'incarner la science dans un médecin. Obligé, par métier, d'en faire marchandise, il est exposé à certaines compromissions qui la diminuent et la dégradent. Cependant, il peut être à la fois un grand savant et un grand charlatan : admettons que le docteur Bertry est un de ceux-là. De même que les catholiques tiennent la messe pour bonne même quand le prêtre est infâme, de même la science reste la science, malgré l'indignité de son représentant. Évidemment, en bien des points, M. Brieux a mal connu et mal compris sa grande adversaire. Il est parti en guerre contre elle, imparfaitement équipé. S'il avait lu attentivement, par exemple, les écrits de Galton dont il cite le nom à deux reprises, il connaîtrait le phénomène de la régression et il saurait que la sélection corrige le fait de l'hérédité, au lieu de l'aggraver, puisqu'elle tend toujours à se rapprocher de la normale. Cependant, d'une manière générale, la théorie du docteur Bertry sur la transmission des instincts est vraie. Cette théorie est en contradiction avec l'idée du libre arbitre, selon laquelle a été organisée notre société et qui est le support indispensable de nos credos et de nos codes. M. Brieux a aperçu cette contradiction qui crève les yeux. Il s'en est emparé et l'a exploitée à son profit. Des deux idées, il a adopté la plus ancienne, la plus populaire, celle qui nous flatte le plus, celle qui prête le plus à la sensibilité et à l'émotion. En même temps il a ridiculisé et bafoué l'autre de toutes ses forces. C'était son droit d'auteur dramatique. Où mon étonnement commence, c'est quand je vois l'Académie française couronner solennellement la pièce et, par conséquent, la thèse de M. Brieux. En se jetant ainsi dans la mêlée, elle se met dans le mauvais cas de paraître envoyer un cartel à sa sœur l'Académie des sciences. A ces deux vénérables dames de vider comme elles pourront, la vieille, l'éternelle querelle du fatalisme et de la liberté.

La littérature est étrangère au succès de M. Brieux. Les Grecs et les Romains n'ont rien à réclamer dans la formation de ce talent tout moderne. Il se sert, pour exprimer sa pensée, des premiers mots venus, qu'il emprunte à la langue de la conversation et du journal. Il n'est pas écrivain et, s'il s'appliquait, il risquerait d'atteindre à ce genre d'éloquence qui a fait la réputation de M. Ohnet. Après tout, comme Labiche l'a prouvé, on peut faire d'excellentes pièces sans un grain de littérature. L'esprit de M. Brieux est bien portant et gai. Même quand c'était la consigne d'être lugubre et cruel, il n'a jamais pu y réussir tout à fait. De même qu'il est facilement joyeux, il est naturellement habile. C'était un grand défaut chez Antoine, mais c'est toujours une qualité dans les théâtres ordinaires. Il lui échappe encore des maladresses. Telle scène, partie d'une situation simple et vraie et conduite avec art jusqu'à un certain point, s'arrête d'une façon abrupte, ou se perd en dissertations déclamatoires, ou se retourne sans raison et court au mélodrame furieux. Mais il apprendra tous les jours son métier et il est déjà passé maître dans l'art de dramatiser l'anecdote. J'étais tenté d'écrire — parodiant le mot du vieux Sylla — que je vois plusieurs Sardous dans ce jeune homme. Mais *les Trois filles de M. Dupont* me font réfléchir. C'est un bond en arrière, un retour aux traditions farouches et pessimistes du Théâtre-Libre, à la pièce qui n'est pas une pièce, mais une exhibition de caractères, au dénouement, qui n'est pas un dénouement mais une rageuse confession d'impuissance. Le drame ne marche pas, n'avance pas d'une ligne. Des trois filles de M. Dupont, la dévote restera dévote sans croire, la courtisane restera courtisane sans aimer; la mal mariée restera mal mariée tout en exécrant son mari et en se promettant de le tromper. Point de terme à leurs épreuves, point de remède à leurs misères. C'est une condamnation universelle et absolue de la société.

Chose assez singulière : au moment où M. Brieux nous donnait ce menaçant, ce désolant quatrième acte des *Trois filles de M. Dupont,* il venait de coudre à *Blanchette* une fin optimiste qui fait merveille au théâtre Antoine et la pièce, ainsi humanisée, attendrie, baignée de larmes s'est acheminée tout doucement vers la centième. Qui l'emportera, en M. Brieux, de sa personnalité énergique et vivace, de cette nature combative, que le plaisir même de combattre soulage et rassérène, ou des mornes et dissolvantes tristesses du groupe décadent qui l'encourage... au découragement? J'incline vers la première hypothèse. Quelle que soit l'école régnante et d'où que souffle le vent, chaque talent suit sa pente et applique les dons qu'il a. Il en est de ces choses comme des modes qui régissent le vêtement et la coiffure. Quand la mode est aux jupes longues, ne soyez pas en peine pour la femme qui possède un joli pied, ni, quand les frisures descendent jusqu'au nez, pour celle qui a un joli front : l'une et l'autre trouveront moyen de faire voir ce qui les avantage et ce que l'usage du jour prescrit de cacher.

C'est sans doute ce qui explique comment M. Henri Lavedan a conquis par l'esprit une génération qui médit sans cesse de l'esprit et qui prétend s'en passer. Henri Lavedan a débuté par de petits tableaux de mœurs dialogués. Genre charmant, qui n'est pas d'hier, ni même d'avant-hier, car *les Syracusaines* de Théocrite et les *Dialogues des Courtisanes*, de Lucien, en sont de délicieux modèles. Sans remonter si haut on sait le succès qu'obtenaient il y a trente ans les légères esquisses d'Henri Meilhac. Mais il faut noter une grande différence entre M. Lavedan et son devancier.

Meilhac a été le peintre ingénieux, fidèle, ironique, mais très amusé, de cette « fête » parisienne qu'il aimait et loin de laquelle il n'eût pu vivre. Henri Lavedan devine encore plus qu'il n'observe. Il ne folâtre pas avec son modèle avant ou après la séance, comme font certains artistes. A-t-il seulement des modèles? Ou n'est-il pas de ceux en qui un mot, entendu au passage, germe et fleurit en une scène ou un caractère? En somme, il a plus de vigueur, plus d'invention, plus d'inattendu; il vise plus haut et il porte plus loin que Meilhac. On sent de l'émotion, de la bonté, de la tendresse sous sa moquerie, un grand respect pour tout ce qui est pur, une grande pitié pour tout ce qui est faible.

Dans ces idylles de la décadence, Henri Lavedan annonçait déjà certaines qualités dramatiques. Mais comment transporter au théâtre ces personnages comparables aux menues figurines de Tanagra qui tiennent de la statuette et de la poupée? Ne seraient-ils pas bien petits, presque invisibles dans le vaste cadre de la scène? En changeant de genre, l'auteur changea de méthode et, jusqu'à un certain point, de style. Dans ses pièces, les proportions, le relief, les attitudes sont réglés d'après les lois de l'ancienne optique théâtrale. Le langage a plus d'ampleur et d'accent que dans ses petits dialogues, mais c'est la même hardiesse d'attaque, et plus vive encore; surtout c'est la même psychologie.

Le Prince d'Aurec a été un succès éclatant, d'autant plus éclatant qu'il a soulevé d'ardentes controverses. L'ancienne société aristocratique se plaignait d'être calomniée et s'étonnait de l'être par le fils d'un de ses plus énergiques défenseurs. En effet M. Henri Lavedan est le fils de M. Léon Lavedan dont nous révérons tous le sévère talent, le haut et inflexible caractère. Les quarante ans d'honorable fidélité et de vertu politique que M. Lavedan le père a derrière lui enchaînent-ils M. Lavedan le fils à une cause qui a passé, désormais, de la région des faits dans celle des souvenirs? La question me semble facile à résoudre, mais elle n'a même pas besoin d'être posée. Dans *le Prince d'Aurec* je vois plutôt l'avertissement d'un ami que la diatribe d'un adversaire. Que reprocherait un ennemi à la noblesse française? De se cramponner à ses traditions. Or, M. Lavedan l'accuse précisément de les oublier. Il ne la somme pas de disparaître, mais il la rappelle à elle-même et l'invite à se régénérer.

Le Prince d'Aurec est le gentilhomme d'aujourd'hui, pour lequel la vie se résume en deux mots : être chic et faire la fête. Il y a un demi-siècle, dans une pareille situation et avec ces appétits-là, on épousait la fille de M. Poirier. C'est ce qu'a fait le père du prince, le duc de Talais. Il a pris pour femme Mme Piédoux qui a payé de quelques millions et d'une infinité d'humiliations intimes la gloire d'être duchesse. Veuve et vieillie, avec un fils qui promet d'être pire que son père, elle s'est réfugiée dans le snobisme aristocratique, dans la religion des parchemins. Et il est plaisant d'entendre une Piédoux parler avec enthousiasme, avec respect, avec dévotion des traditions et des ancêtres pendant qu'un d'Aurec blague sans pitié toutes ces choses. Nous nous moquons pendant deux actes de la brave dame sans savoir que nous aurons à l'admirer au dénouement.

Le Prince a prodigieusement d'esprit, puisque M. Lavedan lui a prêté le sien. Il n'y a pas moyen de ne pas rire avec lui lorsqu'il raille le parti et la classe à laquelle il appartient, les débris de l'âge gothique, les derniers tenants du trône et de l'autel. Mais il ne se contente pas de railler : il bat monnaie avec ses titres et ses souvenirs de famille. Il y a cent ans, dans la fameuse nuit du

4 août (les d'Aurec devaient être là comme les autres), la noblesse française a déposé ses privilèges sur l'autel de la patrie : lui, il les aurait portés sur le comptoir du prêteur sur gages. Il vend, comme un bibelot ordinaire, l'épée du connétable d'Aurec; il vend son amitié à certain baron juif qui, peu à peu, en lui avançant des sommes considérables, est devenu son maître et qui est aussi — chose plus grave — le maître de la princesse, pour des raisons semblables, car elle est aussi sa débitrice.

Pourquoi un Juif? Je ne pense pas que M. Lavedan ait eu un moment la pensée d'entrer dans la croisade odieuse et saugrenue que nous avons vu mener, depuis dix ans, contre l'élément israélite de la haute société parisienne. De Horn incarne la puissance de l'argent; or, l'argent n'a ni religion, ni patrie. Mais cette puissance, cette force abstraite, il fallait la doubler d'une passion vivante et à cette passion il fallait donner un visage humain. Le Juif s'offre aussitôt à la pensée. Le Juif, avec sa psychologie mystérieuse, son type immuable, inaltéré à travers les âges, ses profondes, ses immortelles rancunes ataviques qui font de lui, en cette aurore du xxe siècle, le vengeur des supplices du xiie et du xiiie, le Juif, depuis Marlowe et Shakespeare, hante l'imagination des artistes. Nul ne l'obsède autant que Shylock après Hamlet. Un Shylock en gants gris-perle, qui refoule sa rage sous les froides allures d'un gentleman, tel m'apparaît le baron de Horn, presque effrayant à la scène lorsqu'il vient réclamer, lui aussi, la chair humaine qu'on lui a laissé espérer. C'est la princesse qui est son gage : c'est avec sa beauté qu'il entend se payer. Désir de fauve, revanche d'esclave, mais aussi calcul de profond politique. Une d'Aurec maîtresse d'un de Horn, cela symbolise la prostitution d'une aristocratie à une autre ; cela fixe, pour nous et pour ceux qui viendront après nous, une heure vraiment critique et décisive dans l'histoire de nos mœurs.

Les d'Aurec se réveillent, se débattent comme des animaux pris au piège : mais en vain. Ils n'en sortiraient point, si la vieille duchesse, cette Piédoux qui seule, dans la famille, a le cœur d'une d'Aurec, ne se dépouillait pour avoir le droit de chasser l'intrus. Mais ce n'est là qu'un dénouement de théâtre. De Horn gardera l'épée du connétable, cette épée qui symbolise la vertu militaire, le dévouement à la chose publique, le vieil idéal chevaleresque, tout ce qui a fait la grandeur et la force de l'ancienne noblesse. Tout est perdu, *plus* l'honneur.

M. Lavedan a discuté les objections qu'on lui a faites dans un curieux petit acte, qui n'est guère qu'un article de polémique dialogué et qu'il a intitulé — en souvenir de Molière — *la Critique du Prince d'Aurec*. Il a essayé d'y donner toute leur force aux arguments adverses; puis, il les a réfutés de son mieux et il a poussé plus avant sa pensée. On n'a pas nié que le prince d'Aurec fût vrai : ce n'était pas possible. Peut-être n'existe-t-il pas à l'état individuel, mais les traits qui le composent sont en quelque sorte répandus dans la société à laquelle il appartient. L'auteur n'a eu qu'à les réunir, à les intensifier, à les concentrer, à en former une personnalité morale : à quoi il a merveilleusement réussi. « Du moins, lui dit-on, vous deviez placer en regard le vrai gentilhomme, celui qui garde religieusement, même dans la pauvreté et l'impuissance politique, le fier héritage de ses croyances et de ses souvenirs? — Qui m'y obligeait? répond l'auteur. Est-ce un devoir pour l'écrivain dramatique de fournir lui-même un pendant, une contre-partie à sa satire et, par là, d'en atténuer l'effet ? C'est par cette mesquine précaution qu'on échappe à la critique et qu'on plaît à tout le monde. Mais l'art souffre de ces concessions sans que la morale y gagne, non plus que la vérité. »

Si M. Lavedan s'adressait un reproche — et ce remords de conscience se devine dans *la Critique du Prince d'Aurec* — c'était de n'avoir pas indiqué ce qui peut, suivant lui, servir de principe dirigeant pour la rédemption, pour le relèvement de l'ancienne aristocratie. Qu'au lieu de s'allier aux champignons vénéneux de la Bourse, de mendier sa part dans les grandes flibusteries financières de l'époque, elle se retrempe par le travail, qu'elle lui demande moins la fortune qu'il apporte que les vertus qu'il nourrit. Telle est l'idée que M. Lavedan a mise en scène dans *les Deux Noblesses*. Cette pièce nous a été offerte comme la suite et la conclusion du *Prince d'Aurec*.

L'action de la seconde pièce est postérieure d'une quarantaine d'années à celle de la première. Car il faut donner à un enfant qui est à peine né le temps de devenir un homme et d'avoir à son tour un fils adulte. Voilà *le Prince d'Aurec*, qui nous semblait répondre si bien aux symptômes sociaux de 1890 et que nous aurions volontiers intitulé *le Fils du gendre de M. Poirier*, le voilà reculé vers un passé assez lointain, où il pourrait bien ne plus se trouver à sa date. Nous en sommes d'autant plus déconcertés que la pièce qui se passe de nos jours, par les idées et les caractères qu'elle met en scène, paraît la plus âgée des deux. Dans le marquis de Touringe, nous croyons revoir le marquis de la Seiglière; nous sommes revenus aux temps où, pour un noble de vieille race, une union avec des roturiers était une tache et une déchéance. Nous nous remettrions de cette première surprise si l'idée sur laquelle repose la pièce était solide. Mais elle ne l'est guère. Le fils de ce d'Aurec qui nous a tant scandalisés et si fort amusés, a été élevé en Amérique; il a volontairement quitté son nom et son titre. C'est M. Roche, « le roi du pétrole français », et il se trouve si bien de cette métamorphose, il tient tellement à rester « peuple », qu'il cache à son fils lui-même le secret de sa naissance, alors que cette révélation ferait tomber tous les obstacles à un mariage ardemment désiré. Un ennemi se charge de ce soin à sa place, mais avec un résultat absolument contraire à celui qu'il a espéré. Car les ouvriers qui allaient se mettre en grève, se retournent brusquement. Ils sont flattés de l'illustration du patron et crient de toutes leurs forces : « Vive le prince d'Aurec ! » Ces ouvriers n'ont pas tort ; ils me semblent se prêter à l'idée de M. Lavedan — la réhabilitation de la vieille noblesse par l'industrie — beaucoup mieux que le héros de la pièce ou que Mlle de Touringe qui, en entrant dans sa nouvelle famille, déclare vouloir porter le nom plébéien de Mme Henri Roche. Alors, ce n'est pas une réhabilitation, c'est une abdication. La chaîne des traditions est rompue, brisée pour jamais. Les Roche se feront une place par leur mérite au premier rang de la société nouvelle, mais les d'Aurec ont vécu. Il y aura toujours une aristocratie, c'est-à-dire une classe dirigeante, mais il n'y aura plus de noblesse, c'est-à-dire une caste fermée, ou seulement entr'ouverte, qui se transmet de génération en génération, un certain idéal d'honneur et de dévouement, un ensemble de droits et de devoirs immuables. La pièce de M. Lavedan — si les pièces de théâtre pouvaient influer sur l'évolution sociale — ne pourrait donc apprendre qu'une chose à la vieille aristocratie : à bien mourir. Mais elle le voudrait qu'elle ne le pourrait pas. Les classes n'ont pas la ressource du suicide : il ne leur est pas donné de mourir d'un coup comme aux individus. Ni la nuit du 4 août, ni la loi qui, en 1848, a aboli les titres n'a mis fin à l'existence de la noblesse. Elle n'échappera pas à l'ignominie des lentes atrophies et des dégradations successives. En ce moment le snobisme démocratique lui offre une dernière chance. Elle vivra d'expédients comme pendant l'émigration où l'un de ses membres convertit en gagne-pain le talent suprême de retourner la salade. Elle donnera des leçons de maintien aux barons de la banque et aux parvenus de la politique. Elle les décrassera : ils la nourriront. Voilà l'avenir.

Les Deux Noblesses avaient un autre défaut que l'infirmité de la thèse. On n'y sentait qu'à de rares intervalles le fantasque et charmant esprit de l'auteur. C'était la faute du sujet. On a retrouvé M. Lavedan dans *Viveurs!* qui a été un des grands succès de la saison dramatique 1895-1896. Cette pièce qui se promenait du salon d'essayage du couturier en vogue à la grande salle d'un restaurant de nuit, faisait défiler devant nous le monde de la fête, non pas ceux et celles qui en vivent, car ils sont mornes et ennuyés, mais les volontaires, les enragés de plaisir, tous ceux qui travaillent le jour et vivent la nuit, un curieux groupe où l'élément féminin est représenté par des jeunes filles à demi compromises et des femmes mariées qui n'ont plus de réputation à perdre. Moitié effarés, moitié amusés, nous regardions passer cette farandole vertigineuse que Rejane conduisait avec un brio inimitable. Au second acte elle sautait par-dessus une table de café pour aller rejoindre son amant. Tout le long de la pièce, elle sautait par-dessus toutes nos vieilles idées d'ordre et de moralité bourgeoise. Mais au dénouement, elle s'avouait vaincue, elle se confessait coupable. Cette conversion, si artificielle, l'habileté de l'actrice, jointe à celle de l'écrivain, la rendait émouvante et persuasive. Pourtant ce n'était là qu'un tour d'adresse et je crois M. Lavedan appelé à de plus hautes destinées. Qui sait si ce n'est pas lui qui nous ramènera les braves gens au théâtre?

Les lignes précédentes ont été écrites et publiées avant que *Catherine* eût fait son apparition au Théâtre-Français. Cette jolie pièce est venue donner raison à mes prévisions. Le père Vallon, cet adorable type de vieux naïf, sa fille, la douce et sérieuse Catherine, leur ami Mantel, la bonne duchesse de Coutras, une démocrate sans le savoir, et dans le meilleur sens du mot, voilà les « braves gens » que je réclamais de M. Lavedan. Il m'en donne même plus que je n'en demandais, car si le stoïcisme du bonhomme Vallon a de touchantes, d'amusantes défaillances, Paul Mantel est plus qu'un honnête homme, et c'est presque un héros. Nous retrouvons la vertu telle que la comprenait Augier, c'est-à-dire un peu plus grande que nature. *Catherine* rappelle Augier en bien d'autres points. Même moralité dans les intentions, même sévérité pour la femme impure; enfin, sous la raillerie optimiste, même croyance à la bonté naturelle de l'homme et à la faculté du repentir. Ce n'est pas seulement la philosophie d'Augier, ce sont ses procédés littéraires. Chaque personnage a, dans le premier acte, son portrait moral au-dessous duquel s'accroche un bout de notice biographique et critique et, une fois posés, ils développent fidèlement leur programme ou, s'ils s'en écartent, leurs contradictions mêmes sont pressenties et justifiées. « Expliquez-vous », dit-on à l'un d'eux. Ah! ils n'ont pas besoin qu'on le leur dise! S'expliquer? Mais ils ne font pas autre chose, et si bien! avec tant de finesse! avec une originalité, un imprévu d'expression qui sauve ce que l'excès de logique pourrait avoir d'un peu monotone. La pièce pourrait avoir été écrite il y a vingt ans si elle n'était datée par deux scènes, très modernes. Dans l'une Blanche Vallon nous explique combien il est plus difficile de mourir lorsque, de pauvre, on est devenue riche. Dans l'autre Hélène avoue au duc, son cousin, la passion qu'elle a pour lui. La première, élégamment triste, amère jusqu'à la cruauté, vraie malgré son air paradoxal; la seconde, très ardente, un peu scabreuse puisque c'est la femme qui attaque et l'homme qui se défend. Augier n'eût pas écrit ces deux scènes, mais cela ne veut pas dire que M. Lavedan ait eu tort de les écrire.

Par une curieuse coquetterie littéraire, en même temps que M. Lavedan offrait au public une comédie dans le goût ancien, conforme à toutes les règles de la morale et de la logique théâtrale, il lui donnait une pièce qui se moquait audacieusement de toutes ces mêmes règles. Il a réussi dans sa double entreprise. Si *Catherine* a eu de magnifiques soirées au Français, *le Nouveau Jeu* a fait salle comble aux Variétés pendant quatre mois.

Cette fois, l'auteur s'est avisé que ce qui pouvait s'écrire pouvait se représenter et que le public de nos scènes de genre, dont le Théâtre-Libre a fait l'éducation, était mûr pour tout voir et tout comprendre. Il nous a montré dans deux tableaux successifs deux scènes de flagrant délit; il a traîné sur le théâtre le lit où est couchée Jeanne Granier. Il a blagué à fond la maternité et la paternité; il a clos sa pièce en faisant dire par un magistrat à une cocotte : « Mademoiselle, je suis juge d'instruction, vous m'avez instruit! » Il a mis dans la bouche de ses personnages la langue la plus folle, la plus impertinente, la plus fantasque, la plus ahurissante, la plus pimentée qu'on ait jamais parlée sur les planches, greffant l'argot de demain sur celui d'aujourd'hui et enchérissant sur les extravagances d'un monde où l'on se permet tout. Tous ces gens-là luttent à qui nous étonnera le plus et cette course à l'excentricité étourdit quelques spectateurs. Autrefois, lorsque c'était la consigne, d'un bout à l'autre de la littérature, de paraître ignorer le mal, on aurait déclaré *le Nouveau Jeu* une pièce immorale. Pour moi, je n'en connais pas de plus morale : elle est plus morale que *Catherine*. *Catherine* nous apprend qu'on peut faire une excellente duchesse avec la fille d'un organiste. *Le Nouveau Jeu* nous apprend que, si cela continue, il n'y aura bientôt plus en France ni pères, ni mères, ni maris, ni femmes ; que la famille est dissoute et que l'amour, même avec le fameux attrait du « fruit défendu », est en train de devenir une chose parfaitement insipide et ennuyeuse. Vous avez entendu des personnes graves dire en gémissant que « le respect s'en va ». La pièce de M. Lavedan répond à cette plainte. Le respect s'en va parce qu'il n'y a plus rien à respecter. Soyez respectables, mes chers amis, et il reviendra tout seul. Ce monde est tombé si bas que c'est une cocotte, restée un peu cuisinière, dans le fond, et par sa morale et par son arithmétique, qui lui donne, finalement, des leçons de vertu, qui prononce l'épimuthion, l'ironique et inévitable : « O Muthos dèloi oti... »

Voilà bien le dernier degré de l'humiliation. Pas encore, mais nous y touchons. « En somme, qu'est-ce que le nouveau jeu, mademoiselle Bobette? — Le nouveau jeu? Il n'y en a pas. » Le nouveau jeu d'aujourd'hui, c'est le vieux jeu de demain et, qui sait? peut-être le vieux jeu d'hier. Ces hommes qui se marient par caprice, puis retournent à leur maîtresse par habitude, ces pères inconscients, ces mères irresponsables, ces amis qui en trompant leurs amis ne renoncent pas à les exploiter, l'adultère qui se bat les flancs pour être poétique et qui n'arrive qu'à être ridicule, vulgaire et niais, d'autres époques que la nôtre ont vu tout cela. Nouveau jeu, tu n'es qu'un mot! Nous nous en doutions un peu, mais la révélation est dure pour une société qui se flattait d'innover dans l'ignoble. Pauvres gens! Être si canailles et n'avoir rien inventé!

VI

La Comédie nouvelle (*suite*) :
Paul Hervieu, Maurice Donnay.

Parmi les jeunes talents qui se sont fait jour depuis cinq ou six ans les plus caractéristiques, les plus personnels, ceux qui apportent véritablement une note nouvelle au théâtre sont Paul Hervieu et Maurice Donnay. Et je ne crois pas que jamais critique amoureux d'antithèses ait mis la main sur un contraste aussi franchement accusé. Hervieu et Donnay s'opposent comme la volonté et le tempérament, le labeur et l'improvisation, l'ombre et la lumière, l'hiver et l'été, le Nord et le Midi, la haine et l'amour de la vie. Chez tous deux c'est le même monde, vu ici par les yeux du Stoïcisme, là par les yeux de l'Épicurisme. Dans cette éternelle question du mariage, de l'adultère et du divorce où notre théâtre, comme notre société, tourne sans répit, dans ce duel entre les sexes qui a pris, de nos jours, une si étrange acuité, Hervieu est le défenseur déclaré des droits de la femme, Donnay l'avocat sournois des faiblesses et des passions de l'homme. Pour le dire tout de suite, je crois qu'on a rarement mieux attaqué la loi que le premier, mieux défendu l'amour que le second.

En 1890, il n'y avait que les gens du métier qui connussent le nom de Paul Hervieu. Une éminente artiste, qui tient une place dans la société parisienne fut, si je ne me trompe, une des premières à le comprendre, à le prôner, à le produire. On lut beaucoup son roman de *Flirt*. C'était un titre si appétissant! Et le livre faisait plus que justifier les promesses du titre. Je me souviens qu'il plaisait aux femmes du monde parce qu'il était très délicat de forme et disait très gentiment des choses très hardies. De plus, il s'éclairait, çà et là, de ces malices qu'elles aiment, sans jamais tomber dans cette grosse gaîté qu'elles détestent. Les demi-sourires disparurent dans les romans qui suivirent. J'avoue qu'ils m'ont fort ennuyé et que je les ai peu compris. Il me semblait que M. Hervieu tournait au précieux lugubre. Ses efforts pour se créer une langue ne me paraissaient pas heureux et, d'ailleurs, à quoi bon torturer la phrase, briser les vieux tours, inquiéter notre esprit en cent façons si, au bout de tout cela, l'idée qu'on a voulu exprimer reste nuageuse et informe? Qu'est-ce qu'un sphinx qui n'a pas d'énigme? Je me disais que M. Hervieu était dans une mauvaise voie et en grand danger d'être admiré par les imbéciles, lorsque ses succès au théâtre m'ont surpris et charmé. Avec trois pièces, l'une jouée au Vaudeville, deux représentées au Français, il est arrivé au premier rang et il a accusé un système dramatique, aussi franc, aussi clair, aussi aisé à définir que sa méthode comme romancier est subtile, tortueuse et déconcertante.

Les Paroles restent a été le début à la scène de M. Paul Hervieu. En voici le sujet. Le marquis de Nohan, un ancien officier et un homme du monde, a rencontré en Orient Mlle Régine de Vesles, fille d'un diplomate. Trompé par certaines apparences, il a cru à une intrigue coupable de la part de cette jeune fille. Il a raconté l'aventure, dans le secret des plus intimes confidences, à une femme aimée et par elle le récit a circulé à travers toute la société parisienne. Régine est perdue de réputation. Elle l'ignore encore, mais celui qui a fait le mal le sait et s'en désespère. Non seulement il a rompu toute relation avec la misérable qui a ébruité le secret, mais il s'est pris d'une passion profonde pour sa victime. Pour mettre le comble à ses remords, il apprend que les circonstances qui l'ont déçu ont une explication toute naturelle et que Régine, en dépit de ses libres allures, est la pureté même. Il n'y a qu'une façon de réparer son tort et de démentir les bruits dont il est l'auteur : c'est d'épouser celle qu'il a calomniée. Il lui dira donc son amour, mais en même temps il lui confessera sa faute. Ces deux aveux, dont le premier serait si facile s'il ne devait être suivi du second, qui est si cruel, remplissaient une scène très émouvante, bien qu'elle soit gâtée, en certains endroits, par ce maniérisme, par cette laborieuse subtilité d'expression, trop fréquents dans les romans de M. Hervieu. Le marquis de Nohan qui a, comme je viens de le dire, deux aveux à faire, soumet à Régine de Vesles la question de savoir lequel doit avoir la priorité : c'est ainsi qu'on discute l'ordre du jour à la Chambre. « Supposez qu'un homme soit vis-à-vis d'une jeune fille qu'il aime dans telle situation... » Puis, simplifiant l'hypothèse et se rapprochant de la vérité : « Supposez que cet homme, ce soit moi. » Dans son trouble mortel, dans son étrange désir d'être compris et de n'être pas compris, il laisse tomber des phrases presque ridicules, à peine intelligibles : « Une femme, ne concevez-vous pas ce qui pourrait faire son malheur, *en une seule chose... qui serait une personne.* » A son tour Régine, étouffée par l'émotion, s'écrie : « Mon ami, mon ami, vous me faites du mal », puis elle se corrige en disant : « Non, ce n'était qu'une façon de dire... parce qu'il n'y a pas de mots pour exprimer que ce que l'on éprouve est ainsi meilleur que du bien. » J'ai quelque envie de me moquer et de l'expression qui est si gauche et de l'idée qui est si équivoque, si violente, si artificielle. Mais je me rappelle la curieuse perversité du cœur qui ne dit jamais tout franc ce qu'il veut. A ce qui est simple et direct il préfère ce qui est oblique, complexe, détourné. C'est ce qui a fait la fortune de l'Euphuïsme et du Marivaudage. D'ailleurs ici la situation est si embarrassée que le langage ne peut manquer de s'en ressentir. La vérité est enfin connue et la fin de la scène, telle que M. Hervieu l'a écrite, donne bien tout ce qu'on en pouvait attendre. Régine de Vesles n'accepte pas la réparation qui lui est offerte. C'est précisément parce qu'elle aime son calomniateur qu'elle souffre rétrospectivement dans sa fierté et dans son amour même. Pendant cette première minute de colère elle prend pour champion un personnage énigmatique dont le caractère et le sentiment ne nous seront pas expliqués. Il y a provocation et duel; de Nohan est dangereusement blessé. Ce danger a ramené près de lui Régine qui a tout pardonné. Il va guérir, sans doute, et ils seront heureux. Non, car le monde n'a pas dit son dernier mot. Quoi qu'en dise le proverbe, les paroles restent. L'infâme récit est encore une fois répété publiquement. Nohan l'entend et l'émotion qu'il en éprouve cause sa mort.

Ce dénouement appartient au mélodrame le plus pur. M. Hervieu, dans *les Paroles restent*, a fait encore d'autres emprunts à l'inépuisable arsenal de Scribe et de ses élèves. Ce duel, ce testament qui sert à montrer les beaux sentiments du héros et de l'héroïne, tout cela, nous le connaissions et nous étions d'accord pour n'en plus vouloir. On a reproché aussi à l'auteur ces nombreuses figures qui s'agitent au second plan, « comme chez Dumas fils », et qui nuisent à l'unité, j'entends la seule vraie et nécessaire : l'unité d'impression. Mais M. Hervieu aurait pu répondre que ces personnages secondaires ne sont que les têtes du monstre, les tronçons de ce formidable et mystérieux « On », de cet être collectif et anonyme qui dévore en se jouant les réputations et qui échappe à toute responsabilité. N'essayez pas de le chasser de la pièce : car, plus que le pâle de Nohan, il en est le vrai protagoniste.

M. Hervieu a fait mieux que répondre : il a donné trois ans après, dans *les Tenailles*, une pièce qui est exempte de ces défauts. Non seulement elle marque un progrès très considérable sur la précédente, mais elle semble progresser elle-même de la première à la dernière scène. Il y a encore dans le début quelques phrases pénibles et subtiles. Au contraire, dans l'acte final, tout est âpre, précis, poignant...

Irène Fergan est mariée depuis dix ans à un homme qu'elle n'aime point. De quoi lui en veut-elle ? Précisément de ce qu'il n'a pas su se faire aimer. On lui objecte qu'elle l'aimait quand elle s'est mariée. « Cé n'est pas moi qui me suis mariée il y a dix ans : c'est une autre femme que j'ai été. » Elle ne nous dit pas tout. Elle aime Michel Davernier, le célèbre voyageur, qui l'aime, de son côté, d'une grande et héroïque passion. Se donnera-t-elle à lui comme tant d'autres femmes qui prennent un amant et conservent les dehors de la vertu? Mentir, tromper, sourire à celui qu'elle déteste? Non. Mieux vaut le divorce. Elle va droit à son mari et lui fait part de sa résolution. Mais Robert Fergan ne l'entend pas ainsi, ni la loi non plus. Il lui explique, avec un grand sang-froid, qu'il n'est pas permis de se présenter devant les juges et de leur dire : « Cet homme et moi, nous avons cru nous aimer. Nous nous sommes trompés. Nous demandons à être délivrés l'un de l'autre. » Quel grief alléguera-t-elle? Adultère, sévices, injures graves? Rien de tout cela n'existe et ne peut, par conséquent, être prouvé. Pourtant il faut un motif. — « Hé bien, s'écrie Irène, nous en inventerons un. » C'est ce que la loi anglaise appelle *collusion*. Notre loi, moins prévoyante, moins stricte, laisse la porte ouverte à ces petites conspirations. Mais il faut que le mari soit, dans ce cas, le complice de la femme. Or Robert Fergan ne veut pas divorcer. — « Et si je m'enfuis? — Je vous ferai ramener par les gendarmes. — Et si je vous déshonore? — Je vous garderai quand même. » Ainsi, de par les lois qui régissent, en France, le mariage et le divorce, la femme est la prisonnière du mari et restera telle tant que ce sera le bon plaisir de son geôlier. C'est la première situation, le premier moment de la pièce.

Voici le second. Dix années se sont écoulées. La vaincue s'est résignée, au moins en apparence, et les deux époux ont vécu, à ce qu'il semble, en bonne intelligence, loin du monde, dans une campagne solitaire où il a plu à M. Fergan d'enfermer sa femme. Un enfant est né, le petit René, et c'est à son sujet que la guerre se rallume. Le père a résolu de le mettre au collège; la mère entend le garder auprès d'elle. De part et d'autre, tous les arguments ont été épuisés. Il reste à M. Fergan à faire prévaloir sa volonté. « Il est à moi, qui suis le père! — Vous n'êtes pas son père. » Elle lui raconte qu'une fois bâillonnée, asservie, elle a mis de côté ses généreux scrupules et s'est donnée à celui qu'elle aimait.

L'enfant est à elle, à elle seule. Mais Fergan se souvient encore ici de la loi qui met cet enfant dans ses mains. A quoi a-t-il songé? A quelque lâche vengeance. Elle lui en fait honte. Un civilisé voudrait-il se faire le bourreau d'un enfant, offrir en holocauste à son orgueil blessé un être faible et doux que pendant dix ans il a cru une créature de sa chair et de son sang?... A ce moment le petit René traverse la scène et sa vue seule décide la question.

« FERGAN. — Vous aviez raison, je ne pourrais pas lui faire du mal. Ce sera bien assez que je m'apprenne à ne plus l'aimer. (Avec autorité.) Vous l'emmènerez. Vous allez partir avec lui.

IRÈNE. — Je ne partirai pas.

FERGAN. — Comment!

IRÈNE. — Je ne consentirai pas à être jetée à la porte. Pour mon fils, je ne sacrifierai rien de sa situation régulière, de la considération qui s'attache à sa naissance légale.

FERGAN. — Je vous y contraindrai donc!

IRÈNE. — Non.

FERGAN. — Ce divorce que vous avez tant réclamé, c'est moi à présent qui le veux et le demande.

IRÈNE. — Je ne l'accepte plus. Ma jeunesse est passée, mes espérances sont abolies, mon avenir de femme est mort. Je me refuse à changer le cours de ma vie. Je n'ai plus que la volonté de rester jusqu'à la fin où je suis, comme je suis.

FERGAN. — Vous voudriez que je vous supporte !

IRÈNE. — Il le faudra bien. Vous n'avez contre moi que mon aveu. »

Cependant il se révolte, il proteste encore. Quoi, toute la vie ensemble, face à face, toujours, toujours ! Quelle existence va-t-il mener ? Et elle lui répond : « Celle que j'ai menée depuis dix ans. — Mais, s'écrie-t-il, vous êtes une coupable et je suis un innocent. — Nous sommes deux malheureux... Au fond du malheur, il n'y a plus que des égaux. »

La Loi de l'Homme, jouée durant l'hiver de 1897 à la Comédie-Française, offre beaucoup d'analogie avec *les Tenailles*. Même concentration, même sévérité de ton, même dédain des petits moyens. Comme *les Tenailles*, *la Loi de l'Homme* attaque violemment la législation relative au mariage et au divorce. Comme *les Tenailles*, *la Loi de l'Homme* se compose de deux situations qui s'opposent ou, pour parler plus exactement, d'une même situation qui se retourne. C'est la partie et la revanche. Au premier acte la femme est à la merci du mari; au troisième c'est le mari qui est à la discrétion de sa femme. Seulement la première de ces deux pièces donnait à l'esprit le genre de satisfaction que lui cause un théorème « élégant », suivi de sa réciproque, ou encore une équation algébrique bien résolue. Le code y fournissait l'outil à l'aide duquel la prisonnière enchaînait le geôlier. Dans le nouveau drame, la loi, telle que l'homme l'a conçue et édictée, cette même loi qui a préparé de si belles représailles à Irène Fergan l'adultère, ne peut rien pour rendre la liberté à Laure de Raguais, qui est une honnête femme. Trompée par son mari, elle a saisi dans son secrétaire des lettres décisives et elle apprend, de la bouche même du représentant de l'autorité, que ces lettres ne peuvent lui servir de rien. Elle veut faire surprendre les amants, mais elle est forcée de reculer devant les ignobles et stupides formalités dont la loi a entouré la constatation du *flagrant délit*, quand il s'agit de l'adultère masculin. Elle devra donc se contenter d'une séparation à l'amiable. Elle aura la honte de rester la femme de

M. de Raguais et la douleur de partager sa fille avec lui. Lui, il gardera sa maîtresse.

Les années s'écoulent. La petite Isabelle de Raguais est devenue une jeune fille. A son tour elle aime et elle est aimée. André d'Orcieu serait digne d'elle, mais sa mère est la maîtresse de M. de Raguais. Se figure-t-on le dégoût, la suprême révolte de cette pauvre femme à laquelle on veut, en quelque sorte, prendre sa fille pour la donner à celle qui lui a déjà pris son mari? Va-t-elle descendre à une de ces hideuses compromissions qui font vivre côte à côte dans une même famille les martyrs et les bourreaux? M. de Raguais a encore ici une alliée dans la loi. Toujours la loi de l'homme! En effet il pourrait passer outre à la volonté de sa femme, et ignorer son veto. Mais M. d'Orcieu et son fils André sont des gens d'honneur et d'honnêtes gens. L'idée d'une famille où l'on pénètre de force, d'une fille épousée malgré sa mère n'entre point dans leur code particulier. M. d'Orcieu veut voir Mme de Raguais en présence de sa propre femme et de M. de Raguais. Il lui faut un libre consentement, ou un refus motivé. Et voici la vengeance de Mme de Raguais. Elle dira la vérité au mari offensé et les coupables eux-mêmes seront obligés d'avouer.

A-t-elle raison? A-t-elle tort? On discutait cela à Paris dans tous les thés de cinq heures en croquant des petits gâteaux. Cela m'a donné occasion de remarquer que l'esprit de corps, autrefois si puissant parmi les femmes, n'existait plus. Les unes abandonnaient Laure de Raguais par pure lâcheté, pour plaire à leur seigneur et maître envers lequel elles avaient pris le parti de l'indulgence *quand même*; les autres la condamnaient au nom de l'affection maternelle que Laure sacrifie à sa vengeance; d'autres, enfin, parce que ce sont de fines mouches, pleines de ressources et parfaitement armées pour la lutte, qui, avec ou sans la loi de l'homme, auraient mille manières de secouer le joug sous lequel succombe l'héroïne de Paul Hervieu. Il y a des femmes maladroites et Mme de Raguais est une de celles-là. Elle n'a pas su se faire aimer; elle ne sait pas se faire obéir. Elle n'a pour elle, comme elle dit, que « ses cris et ses griffes ». Elle en use, elle fait bien. Pourquoi pardonner à des coupables dont le crime continue à la braver? *Adversus hostem æterna auctoritas esto.*

Mais je reviens au drame. Maintenant la situation est dans les mains de M. d'Orcieu. Cet homme traverse en quelques secondes, sous nos yeux, toutes les phases d'une évolution qui exigerait de longues heures, des semaines, des mois, peut-être des années. Mais cette condensation de la vie psychologique est la condition distinctive, permanente et inéluctable du théâtre. Appelez cela une convention : cette convention est l'âme de la tragédie et du drame. Donc M. d'Orcieu, d'abord effrayant de colère, se calme en songeant à son fils, le seul être qu'il puisse encore aimer. Au nom d'André et d'Isabelle, ces deux êtres innocents dont un éclat briserait le cœur et la vie, il propose ou plutôt il impose — car il a le droit d'ordonner — le silence, la paix et l'oubli. Évidemment il ne s'agit pas de boire du champagne et de ne former qu'un seul ménage, comme à la fin de *la Sérénade*. Si M. Hervieu avait eu cette idée grossière, je ne la lui pardonnerais pas et je ne me pardonnerais pas d'avoir étudié sa pièce sérieusement. Mais rien de pareil n'est en question. Le grand monde a, comme la diplomatie, le secret des rapprochements qui ne sont pas des intimités et, s'il est de lâches silences, il en est d'héroïques.

Je ne consens point que *la Loi de l'Homme* soit de beaucoup inférieure aux *Tenailles*. Je m'intéresse infiniment plus à Laure de Raguais, qui n'est qu'une sotte, qu'à Irène Fergan qui est, décidément, très coquine. La solution de *la Loi de l'Homme* est bien moins élégante que celle des *Tenailles*, mais elle est plus humaine et je serais tenté d'aimer la pièce pour ce dénouement que tant de gens ont critiqué. Mais M. Hervieu ne nous demande pas d' « aimer » ses pièces. Elles ne visent pas à la sympathie; plutôt elles l'évitent. Elles nous jettent dans des situations larmoyantes où l'on ne verse pas une seule larme. Les auteurs de la génération précédente observaient : M. Hervieu expérimente. Qu'est-ce qu'expérimenter? C'est observer dans des conditions spéciales, voulues, préparées d'avance; c'est isoler le phénomène psychologique des mille circonstances qui l'obstruent, le faussent, le compliquent. C'est imiter le physicien qui étudie la chute des corps dans le vide pour connaître les vraies lois de la pesanteur ou de l'attraction, le naturaliste qui ligature un réseau nerveux chez un lapin pour faire fonctionner à part soit l'appareil moteur, soit l'appareil de la sensibilité. Enfin c'est faire de l'abstraction, c'est-à-dire de la science, non plus par voie de raisonnement, mais en fait et en action.

M. Hervieu se condamne par là à manquer d'imagination et d'esprit. Il se prive des secours de la rhétorique et de la poésie. La psychologie elle-même ne lui fournit qu'une donnée et point de caractères. Les figures du second plan ne sont que des ombres et de celles qui se meuvent au premier plan nous ne connaissons qu'un sentiment et qu'une attitude. A part leur position comme mari et femme, ils sont quelconques. Nous faisons un effort pour les concevoir comme pour imaginer des points sans dimensions, des surfaces sans épaisseur ou des volumes impondérables. C'est un art dur et triste, qui sent la fatigue et qui la donne. M. Hervieu va droit devant lui, nous traînant à sa suite. Jamais il ne s'arrête pour cueillir une fleur, jamais il n'accepte ou ne cherche ces bonnes fortunes d'expression qui faisaient de Dumas et d'Augier des compagnons exquis. Il semble mépriser même ce don heureux du naturel dans le dialogue qui n'a pourtant rien de coupable. Le public, malgré la force de la pensée et la justesse de la thèse, se familiarisera-t-il avec ces pièces grises, avec ce théâtre-squelette? Certes une expérience biologique a sa curiosité et son intérêt, mais ce qui plaît, c'est le spectacle de la vie elle-même. Or c'est précisément ce que M. Maurice Donnay a réussi à nous offrir une ou deux fois.

Les premiers acteurs qu'il ait eus à sa disposition ont été les ombres chinoises du *Chat-Noir*. Ces artistes en zinc découpé ont eu une influence sur la carrière dramatique de M. Donnay : ils l'ont habitué à tout dire et à tout oser. Il a fait représenter au Chat-Noir une Revue intitulée *Ailleurs*, où il ménageait peu nos hommes publics et nos institutions, ainsi qu'une petite polissonnerie archaïque, *Phryné*, qui, jouée en février 1891, a été imprimée seulement en 1894 avec une dédicace à « Feu Patin ». Le bonhomme Patin, en son vivant professeur à la Sorbonne, secrétaire perpétuel de l'Académie Française, et auteur des *Tragiques Grecs*, aurait-il accepté cet enfant terrible qui se réclamait de lui, ce disciple un peu compromettant et inattendu qui lui tombait de Montmartre? Il est à présent dans un monde que j'ai tout lieu de croire meilleur puisqu'il est impossible d'en rêver un plus mauvais que celui-ci. La réponse à la question appartient donc exclusivement aux pieds de table et aux crayons automobiles. Mais j'incline à croire que, s'il avait lu *Phryné*, le peu de cheveux que je lui ai connus se seraient dressés d'horreur sur son crâne d'ivoire jauni.

M. Donnay resta dans la même note en écrivant *Lysistrata*, qui est une adaptation très libre des *Ecclesiazousai*, et de l'*Eiréné*, d'Aristophane. Cette fois sa fantaisie, au lieu d'un rond lumineux sur un morceau de calicot blanc, avait, pour s'y déployer, la vaste scène du Vaudeville et pour interprètes, au lieu des silhouettes découpées à l'emporte-pièce, de belles filles admirablement costumées. Leurs mousselines transparentes auraient presque suffi à attirer la foule; M. Donnay y ajouta des paroles pires que les mousselines. Son œuvre ressemble aux bouffonneries musicales d'il y a quarante ans, à l'*Orphée aux Enfers*, à *la Belle Hélène*, aux « Burlesques » de Burnaud et de Byron, en ce qu'elle fait dire des choses modernes à des personnages antiques. Lorsque la courtisane sentimentale entame ses fausses confidences par les mots « fille d'un officier supérieur... » ou lorsque nous voyons les snobs d'Athènes faire blanchir leur linge à Corinthe, comme les Parisiens de Bourget envoient le leur à Londres, c'est, dans une nuance un peu moins vulgaire, le même genre de comique que Pluton hélant un omnibus pour « la barrière d'Enfer » ou Jupiter demandant à Ixion dont le palais est en feu : « Êtes-vous assuré ? » Mais *Lysistrata* diffère de ces anciennes farces en ce qu'elle n'est point une parodie. Elle ne s'attaque pas à une littérature et à un art héroïque. Elle se contente de greffer la « blague » parisienne sur la blague attique qui, après tout, n'est pas si différente. L'auteur ne demande pas ses effets à des disparates, mais, au contraire, à des analogies de mœurs et de sentiments qui n'ont rien d'impossible. Il a su, d'ailleurs, à certaines minutes, s'envelopper de poésie, à l'exemple d'Aristophane : ce qui eût été aussi difficile à Crémieux et à Meilhac qu'à Byron et à Burnaud.

Nul peuple n'a connu et pratiqué, à l'égal des Grecs, cet art de peindre la débauche élégante, jeune et souriante, de parer de mille grâces l'amour des sens. Cet art immoral et charmant, nous l'avons possédé, puis perdu. M. Donnay l'a rappris des Grecs (à travers Patin!) et il nous le rapporte.

Le jeune auteur avait terminé, au Chat-Noir, son cours d'ironie. En même temps, il avait dû observer, comme tous les Français de son âge, le mouvement du Théâtre-Libre, bien qu'il ne semble pas avoir écrit de pièce pour M. Antoine. Sans s'inféoder à un système, ou à un anti-système, il avait retenu au passage certaines idées qui convenaient à sa nature d'esprit. Par exemple, que la vie est une sorte de mystification. Nous vivons, à l'ordinaire, en pleine comédie ; nous nous élevons un moment jusqu'au drame. Puis nous retombons dans la comédie, ou du moins dans le *terre à terre*, dans le « tous les jours », dans les limbes de l'existence matérielle et machinale où tous les horizons sont ternes et gris. Ses trois pièces modernes *Pension de Famille, Amants, la Douloureuse* sont conçues sur ce plan et déploient leur action dans l'ordre que je viens d'indiquer. Mais quand les auteurs de M. Antoine voulaient lui prouver qu'on fait admirablement un civet sans lièvre et que la meilleure pièce est la pièce où il n'y a pas. de pièce, il n'en croyait pas un mot et se réservait d'être habile quand il en trouverait l'occasion. Il n'était pas moins incrédule quand on lui disait que l'esprit est un ingrédient fatal à la comédie, car il avait de cette marchandise-là et entendait la placer. Surtout il voyait clairement que l'erreur capitale du Théâtre-Libre, c'était de mettre en scène l'amour des sens au moment où il dégénère en habitude morbide, l'amour-maladie que Stendhal a omis, ou plutôt qu'il a justement éliminé de sa fameuse classification. Avant d'en venir à cette dégénérescence, n'a-t-il pas eu son heure de fraîcheur et d'éclat, sa floraison printanière, ce je ne sais quoi qu'on appelait en France « la beauté du diable »? Immoral, soit, mais plaisant à voir pour quiconque n'était pas un puritain. Une telle note peut-elle plaire? Les innombrables éditions de Pierre Loti répondent affirmativement. Ce sensualisme, Loti l'a montré sérieux, profond, convaincu comme une religion, adorablement artistique, parfumé de tout ce qu'il y a de poésie en nous et autour de nous, presque chaste à force d'ardeur et d'ingénuité. Imaginez Loti enfant du boulevard et faisant ses débuts au Chat-Noir; ôtez-lui sa palette de peintre et donnez-lui à la place l'humour de Gavroche et vous aurez quelque chose qui ressemblera fort à Maurice Donnay.

Il ne donna qu'à moitié sa mesure dans *Pen-*

sion de *Famille*. Pour lieu de scène une de ces auberges cosmopolites de la Riviera; pour personnages, des chercheurs et des chercheuses d'aventure, venus de partout, avec l'espoir de réveiller leur épiderme blasée au contact d'une autre fantaisie; pour événements des incidents minuscules de la vie de table d'hôte. Puis dans cette atmosphère, qui peu à peu s'est dangereusement chargée d'électricité amoureuse, une explosion soudaine, mais à la suite de laquelle personne n'est blessé, un scandale qui rate, un coup de revolver qui fait long feu. Soit que M. Donnay eût trop présumé de son adresse à manœuvrer tant de ficelles à la fois, soit que le public n'ait plus de goût à ce défilé de types et à cet entre-croisement de sous-intrigues, *Pension de Famille* n'a pas eu une très longue vie.

En revanche *Amants* a tenu longtemps l'affiche à la Renaissance et j'ai pu constater que lorsqu'on parle de cette pièce à un Parisien, ses yeux brillent comme au souvenir d'une sensation vive et délicieuse. Il est, pour chaque génération, un livre tendrement caressé, une pièce chère entre toutes où le lecteur, le spectateur s'identifie sans effort avec le héros, une œuvre qui fixe pour dix ou quinze ans la langue de l'amour. On a la fièvre quand, jeune, on la découvre ; plus tard, on ne la revoit jamais sans attendrissement et sans mélancolie. Quand elle disparaît enfin, détrônée par de nouveaux succès, on serait tenté de dire comme l'amant de Mürger : « O ma jeunesse, c'est vous qu'on enterre! » Je crois qu'*Amants* sera cette pièce-là pour ceux qui ont eu l'âge d'aimer quand on l'a jouée, pour la promotion amoureuse de 1895. Or chaque promotion se grossit de tant de précoces et de tant d'attardés!

J'ai déjà indiqué le milieu où se passe la pièce en parlant de Jeanne Granier. Elle y jouait le principal rôle, avec Lucien Guitry, un excellent comédien, pour partenaire. Quand la toile se lève sur le salon de Claudine Rozay, la représentation de Guignol vient de se terminer. Les enfants et les mamans sont dans la joie : celles-ci très élégantes, ceux-là avec un chic anglais très accentué, sous la surveillance d'une miss et d'une fraülein dont les efforts pour les contenir sont couronnés d'insuccès. Il y a de la respectabilité dans l'air, une respectabilité un peu artificielle et superficielle. Comme pour nous dérouter, le préfet de police est dans le salon, à titre d'invité. Cependant nous commençons à flairer l'odeur de la cocotte. Nous sentons, à certains mots, que ces femmes-là ne sont pas mariées, que ces enfants-là ne sont pas des enfants comme les nôtres et que ce préfet-là est venu pour s'amuser. Enfin, c'est le demi-monde, le monde des faux ménages, des fidélités temporaires, des vertus à terme, de la galanterie consolidée. Montrer des femmes entretenues qui s'étudient à vivre en parfaites bourgeoises, c'est déjà piquant; cela le devient plus encore par le spectacle que nous donne aujourd'hui le grand monde, plein de détraquées et d'agitées que la nostalgie de la vie de bohème pousse à cent folies.

M. Donnay a eu ici le même tact qu'Arthur Pinero dans ce chef-d'œuvre du drame anglais moderne, *The second M*^{rs} *Tanqueray*. De même que Paula est, en quelque sorte, doublée et parodiée par Ludy Orreyed qui représente les ridicules et les vulgarités de la courtisane mariée, ainsi, dans *Amants*, c'est à des comparses qu'est dévolue la tâche de mettre dans son relief la courtisane casanière, *popote*, pratique, qui a la prétention de surveiller ses fournisseurs, de tenir ses comptes et d'élever ses enfants. Nous devinons que Claudine, avec plus de délicatesse que ces femmes, a, au fond, la même conception de la vie. Dans un coin de sa cervelle il y a un petit homme d'affaires, comme chez toutes les Parisiennes, qui ont l'arithmétique innée. Avec cela, elle est bonne, elle ne veut faire souffrir personne; elle adore son enfant; elle a, pour celui qui en est le père, un attachement d'habitude, de reconnaissance, de sympathie et, je dirai, de respect, si on veut bien tolérer ce mot. Oui, mais elle peut aimer et, quoiqu'elle sache bien comment cela finit, elle n'a pas la force de s'enfuir ou de se fâcher lorsqu'elle entend les premières notes de la chanson. Dès le premier moment, quoiqu'elle se débatte pour la forme, nous savons qu'elle ne résistera pas à Vétheuil. Vous vous demandez ce qui va arriver. Les dénoncera-t-on? Seront-ils surpris? Sans doute une autre femme... la jalousie... Un duel... quelqu'un tuera quelqu'un, à moins que tout le monde ne meure. Vous n'y êtes pas. Ils ne seront pas dénoncés, ils ne seront pas surpris. Ils seront jaloux, mais jaloux sans cause, comme on l'est toujours, et pour des raisons absurdes, qui s'évanouiront comme des bulles de savon. Rien n'arrivera et personne ne mourra. Quelqu'un épousera quelqu'un, mais ce n'est pas Vétheuil qui épousera Claudine. Il n'y aura absolument dans la pièce que l'histoire d'une liaison, l'évolution de l'amour. Premier acte : on se rencontre, on se plaît, on flirte, on discute l'amour qu'on ne veut pas avoir et qu'on a déjà. Deuxième acte : on s'aime, on dit des bêtises, on se querelle et on se raccommode. Troisième acte : on s'aime toujours, on se brouille, on souffre, on se reprend. Quatrième acte : on s'aime de plus en plus, mais on se sépare avec un grand déchirement qui est la volupté suprême. Ce quatrième acte est vraiment dangereux à voir et à entendre. C'est le paroxysme, la crise aiguë, la minute héroïque où tous les sacrifices, toutes les folies semblent possibles. Cette Claudine, si adroite et si fine, va tout oublier : repos, avenir, fortune et jusqu'à l'enfant. Ces adieux passionnés, cette solitude, cette nuit italienne, cette nature amoureuse, tout cela est trop pour ses nerfs tendus à se briser. L'homme est plus sage : peut-être entre-t-il dans sa sagesse un commencement de mélancolique satiété. Finalement, qui les sépare ? Un coup de théâtre ? Non : simplement le voiturin. « Si monsieur ne veut pas manquer le train, il n'est que temps. » Au cinquième acte, on se retrouve, mais guéris, et l'on philosophe doucement, tendrement, tristement sur le passé.

J'ai eu tort de dire qu'il n'y avait que de l'amour là dedans. Il y a de tout. Que de choses quand on y pense! Le voyage de Francueil, l'histoire de deux pâtissières (la fausse Alexandrine qui est la bonne et la vraie qui est la mauvaise), une discussion sur les mauvais domestiques, un toast, une fable en vers qui varient de cinq à vingt-deux pieds, la princesse Soukhimiliki et les chansons vaches, la recette pour la confection du *cocktail*, l'anecdote de l'Irlandaise qui fait partie d'un orchestre de dames hongroises et qui est la maîtresse de l'ambassadeur de Siam, autant de hors-d'œuvre, qui *ne servent pas à la pièce*. Et c'est précisément pour cela que M. Donnay les a jetés dans sa comédie. Si ces détails servaient à la pièce, ce serait du Scribe, du Sardou, et il n'en faut plus.

Quant aux sentiments de Vétheuil et de Claudine, nous en suivons, sans l'ombre d'effort, le progrès capricieux et pourtant fatal. Ils s'analysent en se moquant de « cette sacrée manie que nous avons de nous analyser ». Mais cette psychologie est sans pédantisme, sans emphase. Tout ce qu'on pourrait lui reprocher, c'est une subtilité parfois trop spirituelle. En voici un échantillon : Claudine gronde gentiment Vétheuil pour sa maussaderie qui vient de sa secrète jalousie contre l'amant en titre : « Si *tu* es désagréable, il ne faut pas *m*'en vouloir : ce n'est pas *sa* faute ». Admirez la malice cachée dans ces trois pronoms possessifs que j'ai soulignés. La langue chez M. Donnay s'est détendue, à demi déshabillée, mais ce déshabillé est élégant. C'est comme une jolie femme qui a passé un peignoir pour se mettre à l'aise, mais qui n'en est pas moins jolie pour cela : au contraire. Dans le laisser aller, les allures fantasques de M. Donnay il y a, sinon beaucoup d'art, du moins beaucoup d'instinct artistique. Il est plus « écrivain » que tous nos autres auteurs dramatiques, excepté Lavedan et Lemaître.

Beaucoup d'artistes n'ont qu'une seule œuvre en eux : ils y jettent toute leur âme, tout leur talent, toute leur invention et c'est fini. On se demandait — les uns avec inquiétude, les autres avec espoir — si *Amants* ne serait point, par hasard, *la* pièce de M. Donnay. *La Douloureuse*, que j'ai vue l'autre hiver, n'a pas tout à fait dissipé les inquiétudes des admirateurs de M. Donnay, mais elle n'a pas non plus tout à fait donné tort aux espérances de ses envieux. C'est une pièce mal venue, avec de très bonnes parties. Le premier acte forme une pièce à lui tout seul. C'est un tableau gaîment cruel du monde panamiste et des différents états d'âme qu'il comporte. On assiste à un déballage de cynisme effrayant et aussi à l'exhibition de quatre fillettes exotiques qui chantent, dansent, font des tours, je ne sais quoi. Ensuite, on vient arrêter M. Ardan, le banquier qui donne ce soir une fête, selon l'habitude immémoriale des banquiers qui vont sauter. Il demande à passer dans son cabinet et se brûle la cervelle. La chose se chuchote dans les salons, mais le souper est servi : ma foi! soupons tout de même.

Au second acte, commence la pièce. Non, elle ne commence pas encore. Il faut d'abord que nous assistions à une discussion sur la question de savoir si une femme, trompée par celui qu'elle aime, doit se fâcher ou pardonner. Le second Empire, représenté, et fort piteusement, par la bonne Mme Leformal, bataille là-dessus avec la troisième République incarnée dans Hélène

Ardan. Il paraît que la femme du second Empire passait tout à son mari; seulement elle a oublié de donner à son enfant des principes religieux et sans religion, pas de résignation. Voilà pourquoi la fille de cette mère indulgente est une révoltée et une implacable. Notez que, au quatrième acte, elle pardonnera tout comme sa maman. D'où il suit que toute cette psychologie comparative des deux générations ne signifie absolument rien. C'est un complet contresens et il faut venir au Vaudeville en 1897 pour apprendre que les *cocodettes* de 1867 étaient des « bénisseuses ». En tout cas, elles n'étaient point des sottes et je puis assurer à M. Donnay qu'elles auraient *roulé* les champions de la génération nouvelle en moins de temps qu'il ne m'en faut pour l'écrire.

Enfin, tous ces gens-là s'en vont. Je tire ma montre; il est dix heures un quart. La vraie pièce va commencer. Hélène Ardan, dont le mari a payé ses dettes avec une ou deux onces de poudre, aimait depuis longtemps Philippe Lamberty; elle attend la fin de son veuvage pour légitimer cette liaison. Délai fatal. Cela donne le temps à Gotte des Trembles, une petite femme que son mari néglige et qui s'ennuie, de se jeter à la tête de Philippe. C'est le soir dans un jardin. Gotte est jolie, troublante à force d'être troublée ; Philippe est homme. J'ai extrêmement peur. Tout à coup voilà Philippe qui se ressaisit et qui fait comprendre à la pauvre égarée combien ce serait mal de tromper son amie, cette noble Hélène, si heureuse, si dévouée, si confiante! Et la pauvre égarée remercie avec effusion le jeune moraliste.

Je ne sais, monsieur, si vous vous êtes jamais trouvé seul, dans un jardin, après le coucher du soleil, avec une jeune femme dont les poignets vous brûlaient les mains et dont les idées sur le devoir commençaient à se brouiller. Je suis bien sûr que, dans ce cas, vous aussi, vous avez fait un peu de morale. Et alors, qu'est-il arrivé? De deux choses l'une : ou vous êtes parti et cette petite femme a été, pour toute la durée de vos jours, une ennemie mortelle, irréconciliable; ou vous êtes resté, et la tentation a recommencé le lendemain, et vous y avez succombé. C'est le second cas qui est celui de Philippe ; Gotte triomphe, mais pour un instant. Philippe a horreur de son péché et le fait sentir à sa complice avec cette lâcheté qui caractérise notre sexe. Alors Gotte se venge en révélant à Philippe qu'Hélène Ardan a eu un autre amant avant lui. Cette confidence a l'effet prévu et désiré. C'est Philippe, le coupable Philippe, qui se pose en victime, en justicier; c'est Hélène qui se courbe devant les reproches. Mais comment a-t-il deviné? Comment a-t-il su? Une seule personne a pu le mettre au courant. Gotte! En un éclair Hélène a tout compris. Quoi! au moment même où il lui était infidèle, il l'accablait de sa jalousie, de son mépris. « Non, vois-tu, c'est drôle, c'est vraiment drôle! » Maintenant, ils se sont dit tout ce qu'on peut se dire d'injurieux, de navrant et de cruel. Les voici en face l'un de l'autre, hagards, brisés... Comment va finir cette terrible scène? Comme elle finirait dans la vie réelle. « Quelle heure est-il, avec tout ça? murmure Hélène, comme au sortir d'un rêve. Sept heures!... Et moi qui dîne dehors!... Je vais être jolie! (*S'approchant de la glace, à voix très basse.*) Oh! cette tête!... (*Convulsivement, fiévreusement, elle range ses cheveux, met son chapeau. Il lui place son manteau sur les épaules. Ils se regardent.*) Qui est-ce qui vient là? André? Je ne veux pas le voir. — Philippe :

Alors, passe par l'atelier. » Et elle sort sans un mot de plus. Bien des hommes et bien des femmes, parmi les spectateurs, se rappellent, dans leur vie secrète, des scènes semblables qui se sont terminées à peu près ainsi.

A la rigueur la pièce pourrait finir là, M. Donnay a tenu à nous montrer ces deux amants réconciliés, attendris et heureux. Seulement pour arriver à ce résultat il a cru devoir les emporter bien loin de Paris, auprès des flots bleus de la Méditerranée. *Pension de Famille* se passait dans la banlieue de Nice. Au troisième acte d'*Amants*, nous étions sur les bords d'un lac italien. Le quatrième acte de *la Douloureuse* nous promène sous les pins du cap Martin. Comment ne pas noter cet instinct irrésistible vers la nature complice, vers les pays du soleil où la vie est plus facile et l'amour plus indulgent. Pourtant que M. Donnay y prenne garde. Il voyage trop sur la ligne de P.-L.-M. La prochaine fois le public serait capable de mal prendre la chose.

Qu'y a-t-il dans ce quatrième acte? Absolument rien. M. Donnay l'a rempli avec des choses inutiles dont quelques-unes sont de bien mauvais goût. Cet acte pourrait se composer d'une seule phrase : « Nous ne valons pas grand'chose : pardonnons-nous, aimons-nous et tâchons de ne pas succomber à la tentation. » Cette phrase résume, d'ailleurs, toute la morale de M. Donnay et, j'en ai peur, toute la morale de son temps. On me parle bien d'expiation. La « douloureuse », c'est la carte à payer, l'addition que le garçon vous présente à la fin d'un bon dîner. Nous avons vu comment Gaston Ardan réglait sa note avec un coup de revolver. Mais ce coup de revolver rembourse-t-il ceux qu'il a ruinés? La folle conduite de Gotte est imputable, en grande partie, à la négligence et à l'infidélité systématique de son mari : je ne vois pas qu'il en soit puni. Quant à Philippe, son expiation consiste en deux mois de solitude au cap Martin; ce qui est une pénitence assez douce. Je ne veux pas insister sur l'étourderie avec laquelle l'auteur, dans ce dernier acte, a fait intervenir, à l'appui de sa théorie expiatoire, le nom d'une princesse illustre et vénérée. Celle-là, monsieur, n'a « payé » que les crimes et les sottises des autres. Payer pour autrui, c'est là, je crois, le dernier mot de cette prétendue justice des choses.

« Ne faisons pas souffrir ceux qui nous aiment. » :

voilà donc, dans le naufrage commun des principes et des croyances, tout ce qui reste aux héros de M. Donnay pour se diriger à travers la vie. Hors de là, tout est doute et ténèbres. Il n'y a de bien que la joie et de mal que la souffrance. Lorsque le jeune auteur écrivait dans *Phryné* ce vers qui, assurément, ne sent pas « l'huile de minuit » :

> Hélas! Eros nous mène et rien ne prouve rien,

c'était toute une philosophie, une conception de la vie qu'il laissait tomber sans y songer. Aucun signe ne m'annonce qu'il en ait changé [1].

Je pourrais, à la suite des écrivains nouveaux dont j'ai étudié l'œuvre avec quelque détail, en ajouter d'autres : par exemple M. Gustave Guiches, M. Guimon, M. de Porto Riche, l'auteur du *Passé*, M. Abel Hermant, romancier très serré et

---

[1]. Le public s'est montré sévère pour *l'Affranchie*, la dernière pièce de M. Donnay. Ce n'est pas qu'elle fût très inférieure à *la Douloureuse*, mais jusqu'ici on n'avait paru voir que les qualités de M. Donnay et, cette fois, on n'a paru voir que ses défauts. Si étrange que cela paraisse, on veut une morale au théâtre; les spectateurs réclament des héros meilleurs qu'ils ne sont eux-mêmes. L'heureux M. Donnay qui n'avait eu qu'à laisser couler son babil d'enfant gâté, devra se limiter, s'observer, se creuser et, s'il n'a pas d'idéal, en emprunter un à ceux qui tiennent cet article.

très fin, qui a donné *la Meute* à la Renaissance et, plus récemment, *la Carrière* et *les Transatlantiques* au Gymnase; M. Pierre Valdagne, qui a débuté au Théâtre-Libre et qui a fait jouer à l'Odéon *la Blague*; d'autres encore, qui ont prouvé du talent et qui travaillent à secouer la tyrannie des vieilles formules. Mais je n'ai pas la prétention d'être complet. Tout ce que j'ai voulu, c'est de chercher, dans les cinq ou six auteurs les plus en vue, les éléments d'une définition provisoire de la « Comédie nouvelle » (comme elle a été baptisée par M. Larroumet et M. Faguet). Je viens d'écrire « définition provisoire » et je sais que ces deux mots se battent en brèche l'un l'autre. Je sens, également, combien il est malaisé de faire entrer dans la même définition des tempéraments littéraires aussi opposés que le sont, au premier abord, Lemaître et Brieux, Hervieu et Donnay. Mais si nous hésitions à définir la vie, nous ne définirions jamais rien, puisque tout vit et se meut, tout est en formation et en marche. La diversité même des hommes aide le critique loin de l'embarrasser. Car là où ils se rapprochent, où ils se rencontrent, c'est qu'un même vent les chasse, c'est qu'un même courant intellectuel les oblige à converger.

Voici donc ce que je crois voir.

Considérons d'abord la construction des pièces. L'intrigue est simplifiée, réduite à un minimum. Le premier acte, au lieu de poser les personnages, explique le milieu, le cadre où va se déployer l'action. Si cette peinture est inutile parce que le milieu est connu d'avance et de tous, le premier acte entame l'action. Mais l'action, ce n'est que la peinture des caractères. Au lieu de remplir le premier acte, cette peinture les remplit tous. Ainsi, comme l'a observé M. Faguet, nous retournons à l'art de Molière et de ses successeurs immédiats, c'est-à-dire à des portraits vivants. Et quand plusieurs de ces types posent ensemble devant nous, ce n'est plus un portrait, mais un tableau. Quant aux incidents qui ne naissent point du sujet lui-même et du jeu des caractères, ils sont éliminés, comme on élimine d'une expérience scientifique — j'insiste sur cette comparaison — les circonstances étrangères au phénomène observé. Le spectateur qui avait besoin de donner toute son attention aux complexités de l'intrigue la donne aux complexités psychologiques. C'est son jugement qui travaille au lieu de sa mémoire, mais il reste le collaborateur de l'écrivain dramatique, et il le faut bien, car il n'y aura jamais de théâtre véritable sans cette collaboration. On continue à préparer ce qui a besoin d'être préparé et à expliquer ce qui appelle une explication, mais on s'en tient, d'ordinaire, à la suggestion. Ces spirituels parasites qui jugeaient la pièce à mesure qu'elle se déroulait et qui incarnaient la pensée de l'auteur, ces brillants rôles *à côté* qui, parfois, éclipsaient le héros et l'héroïne, ont disparu. Voilà le chœur antique, expulsé de la scène... en attendant qu'il y remonte. Mais l'esprit, autrefois si nécessaire, qu'en fait-on? On ne l'exclut pas, mais on ne l'exige plus. Il figure encore dans le *menu* de la soirée, non comme hors-d'œuvre, mais comme condiment. L'amour a reçu de nouveau la licence d'être spirituel qu'il avait perdue depuis Marivaux. Quant au dénouement, il sera ce qu'il pourra. Heureux, triste, plat, quelconque. Tant mieux s'il prouve quelque chose; tant pis s'il ne prouve rien. Dans ce dernier cas, il prouvera du moins que l'auteur a eu tort de le choisir. Car les bons sujets sont ceux qui aboutissent d'eux-mêmes à une conclusion. Ce qui est interdit, c'est d'y mettre les mains. Pas de coup de théâtre, pas de *Deus ex machina*; point de fortune ou de châtiment tombé du ciel; rien qui sente le vaudeville ou le mélodrame. En cela on se conforme à l'Esthétique du Théâtre-Libre; mais on s'en écarte sur d'autres points pour se rapprocher de l'ancienne architecture dramatique qui a prévalu de 1840 à 1880. Ainsi on a conservé la « *péripétie* ». C'est-à-dire, que vers onze heures un quart, à la fin de l'avant-dernier acte, l'action traverse une crise et que l'émotion atteint son maximum. On se dit dans la salle, à ce moment-là : « Comment diable en sortiront-ils? » C'est là que le dernier quartier de Scribe est encore visible à l'horizon dramatique.

Telle est cette forme nouvelle ou à demi nouvelle, légèrement hybride et bâtarde, que les « professeurs » commencent à patronner parce qu'on leur a juré que c'était la « comédie de caractères » qui est la forme la plus élevée de l'art chez Molière. Les uns le croient, les autres feignent de le croire.

Cette forme a, tout au moins, le mérite d'être fort large et fort élastique. On y met ce qu'on veut. M. Hervieu et M. Brieux y glissent une pièce à thèse; M. Donnay, un roman sensuel; M. Lavedan, un tableau de mœurs, une satire sociale à l'emporte-pièce; M. Lemaître, ses expériences dramatiques en tout genre. Elle n'est donc par elle-même ni morale ni immorale. Elle se prête aux fantaisies des Athéniens de Montmartre; il se peut que demain un rigoriste en fasse un instrument de prédication. Réactionnaire, bourgeoise, anarchiste : elle sera tout ce qu'il vous plaira. Même au point de vue purement artistique, ses tendances ne sont pas encore nettement caractérisées. Il n'y a que des chefs-d'œuvre qui fixent un genre et le rendent définitif. Ce jour-là le moule est parfait... et il ne reste plus qu'à le briser pour en fabriquer de nouveaux et épargner à ces chefs-d'œuvre ce qui devient la plus cruelle des épreuves après avoir été le plus envié des triomphes : la reproduction indéfinie et à bon marché.

VII

L'Évolution des vieux genres. — Renaissance du vers dramatique : Jean Richepin et Edmond Rostand.

J'ai essayé de définir les tendances nouvelles qui se sont fait jour, depuis cinq ou six ans, dans la haute comédie et les hommes nouveaux qui les représentent. Pendant ce temps le mélodrame et le vaudeville sont restés stationnaires ou à peu près. Le mélodrame, si florissant en Angleterre, semble avoir, chez nous, cédé du terrain. Il occupe encore l'Ambigu et le Théâtre de la République; mais il a perdu la Gaîté et ne fait plus que des apparitions intermittentes au Châtelet et à la Porte-Saint-Martin. Il suit, d'ailleurs, les anciens errements et je n'ai pas entendu dire que M. Decourcelle, l'auteur des *Deux Gosses*, affiche pour M. d'Ennery, l'auteur des *Deux Orphelines*, pour ses procédés et pour ses œuvres, le mépris que, dans une autre sphère dramatique, on manifeste pour Scribe et pour Sardou. Évidemment le mélodrame, lui aussi, a évolué. Jusqu'au milieu du siècle, tout y était parfaitement chimérique : les caractères, les situations, le langage et la mise en scène. Aujourd'hui le mélodrame est moitié idéaliste, moitié réaliste : c'est-à-dire qu'il se compose, à dose presque égale, de vulgarités et d'impossibilités. Aucune observation dans la peinture morale des personnages, bons ou mauvais ; aucun souci de la vraisemblance dans la conduite des événements ; mais une scrupuleuse imitation de la vie dans le dialogue, dans les décors, dans tous les accessoires de la mise en scène. En un mot la vieille langue des Martainville et des Pixérécourt a disparu ; leur système demeure intact.

Même immobilité dans le vaudeville et dans les sous-genres qui en dépendent. Ce mot de vaudeville est décevant pour les étrangers. Il signifiait autrefois une pièce à couplets, peu différente de l'opérette moderne. Il embrasse aujourd'hui tout ce que les Anglais désignent

d'un mot très franc et très clair : la Farce.
Labiche et Meilhac avaient élevé très haut ce
genre inférieur. L'un lui avait donné pour base
une saine et solide observation de la nature
humaine prise dans les milieux moyens; l'autre
avait trouvé une mine à exploiter dans le monde
du plaisir. Ils ont de nombreux héritiers :
Alexandre Bisson, l'auteur du *Lycée de jeunes
filles*, du *Député de Bombignac*, de *la Famille
Pontbiquet*, Paul Ferrier, Albin Valabrègue,
Maurice Desvallières, George Feydeau, Léon Gandillot et les jeunes écrivains comiques révélés par
le Théâtre-Libre, George Ancey et Courteline,
l'heureux auteur de *Boubouroche*. Avec eux la
France et les nations qui se fournissent chez elle
ont encore le rire assuré pour quelque temps. Ces
messieurs ont beaucoup d'esprit, mais la fièvre
du nouveau ne paraît pas tourmenter leurs nuits.
L'ingénue qui traverse, sans les voir, les situations les plus scabreuses, l'homme sérieux qui fait
la débauche en secret, l'adultère pris, comme le
prenait Molière, par son côté grotesque, les platitudes électorales, les vilenies du monde politique
tournées en caricature, les nouvelles mœurs militaires créées en France par le service obligatoire,

voilà les thèmes sur lesquels s'exerce — sans se fatiguer — l'imagination des vaudevillistes. Le député, le magistrat sont fréquemment leurs victimes, mais leur cible favorite, c'est la belle-mère. Tyrannique ou sentimentale, c'est à elle qu'ils réservent leurs mots les plus féroces. Ce n'est, chez eux, ni vengeance personnelle, ni instinct comique, mais respect de la tradition. Il est entendu, en France, depuis plusieurs siècles, qu'on se moquera des maris, des médecins et des belles-mères.

Le canevas de la pièce est invariable comme les types eux-mêmes. La farce se compose d'après une certaine recette analogue aux recettes culinaires de la *Cuisinière Bourgeoise*. D'abord il faut un bon quiproquo, il en faut deux, il en faut trois, de sorte qu'à la fin de l'avant-dernier acte, la confusion soit à son comble et que personne ne soit plus en état de distinguer son bras gauche de son bras droit. Toute la poétique du genre tient en deux mots : c'est quelqu'un qui cherche quelqu'un ou quelque chose de huit heures à minuit et ne doit trouver la personne ou l'objet désiré qu'à minuit moins cinq. L'idéal, c'est que l'individu cherché soit lui-même occupé à chercher un autre individu, qui en poursuit un troisième, qui donne la chasse à un quatrième et ainsi de suite jusqu'à ce que le dernier essaie de rattraper le premier : ce qui referme le cercle et emporte l'intrigue dans un mouvement giratoire indéfini et accéléré. Même avec les cinq portes obligatoires une chambre ne suffit plus. Il faut une maison à plusieurs étages avec des escaliers, des toits, des balcons où puisse évoluer cette étrange chasse. *L'Hôtel du libre-échange* est le dernier effort du génie français en ce genre. J'admire ces belles choses, comme je le dois, mais je suis obligé de m'avouer que nous voilà revenus en arrière jusqu'au mémorable *Chapeau de paille d'Italie* et que toute l'avance gagnée par Labiche et Meilhac est perdue. Il y avait des traits dignes de Labruyère dans *Célimare le bien-aimé* et dans *le Voyage de monsieur Perrichon* ; le premier acte de la *Cagnotte* était un chapitre de Balzac ; *les Curieuses*, un *instantané* qui fixait à la fois la langue et les mœurs des cocodettes de 1867. Que trouvera-t-on dans les farces de notre temps sinon de la gaîté, manufacturée, en quelque sorte, par des procédés mécaniques, avec des matériaux qui ont déjà servi — à peu près comme on fait du papier blanc avec le vieux papier? A quelles formidables bévues s'exposeront ceux qui auront l'imprudence de leur demander des renseignements sur notre état moral et social! Je me figure un savant maître de conférences de Bornéo ou de Taïti ouvrant son cours en l'an 4000 après Jésus-Christ, et se préparant à commenter *la Famille Pontbiquet*, inscrite cette année-là sur le programme du baccalauréat, avec le *Miles Gloriosus* et le *Plutus* (car, dans cette perspective des siècles, Bisson paraîtra presque voisin d'Aristophane et de Plaute) : « Messieurs, dira-t-il, nous voyons par *la Famille Pontbiquet* qu'à la fin du xix⁰ siècle, les professeurs du lycée Charlemagne, à Paris, avaient pour maîtresses des artistes des Folies-Bergères qui, étant elles-mêmes suspendues à un trapèze, enlevaient un homme par la ceinture entre leurs dents et le faisaient, dans cette posture, tourner deux cents fois à la minute. » Il déduira de ce fait — avec une sagacité que tous ses auditeurs admireront — les caractères de l'éducation intellectuelle et morale que l'on recevait au lycée Charlemagne.

On a essayé récemment de faire revivre la Pantomime. Il ne s'agit pas de cette pantomime stupide et magnifique qui, chaque année, vers le temps de Noël, envahit la moitié des théâtres de Londres et en chasse la littérature, mais de la pantomime véritable (car c'est la langue française qui a ici l'avantage au point de vue de la clarté et de l'étymologie), de cette pantomime qui ne prononce pas une parole, mais qui raconte un drame ou une comédie par les mouvements de la physionomie, par le geste, par les attitudes, par les regards. C'est le plus artistique des genres et, quoique muet, c'est un des plus littéraires, parce que c'est un des plus suggestifs, un de ceux qui réclament le plus de réflexion et d'inspiration, le plus de finesse, de patience et de goût. La pantomime, si chère à Gautier et à Banville, était tombée dans l'oubli depuis la disparition des grands mimes, Kalpestri, Paul Legrand et cet immortel Deburau dont j'ai eu l'honneur de serrer la main enfarinée, il y a quelque trente ans, lorsque j'étais critique dramatique à Grenoble. Une jeune fille, Félicia Mallet, a tenté de faire servir à la résurrection de la pantomime la merveilleuse mobilité du masque et du corps féminins. On l'a fort applaudie, mais l'art qu'elle cultivait si bien n'a pas assez de clients pour remplir longtemps une salle de spectacle. On ne vit pas de la pantomime et Félicia Mallet a changé de métier comme la cigale de la fable. Aujourd'hui elle double Yvette Guilbert, en attendant qu'elle l'éclipse.

J'ai parlé de la « stupide et magnifique » pantomime anglaise. C'est à notre vieille Féerie qu'il faut demander l'équivalent de cette stupidité et de cette magnificence. Pauvre féerie ! Elle est bien malade. Un soir de l'hiver dernier, je traversais la place du Châtelet, sombre, presque déserte, balayée par la rafale. Des hommes embusqués dans un café se précipitèrent sur moi : c'étaient les marchands de billets. Ils m'offraient un fauteuil à des prix tellement réduits, ils m'imploraient d'une voix si désespérée qu'il eût fallu vraiment avoir la bourse bien plate et le cœur bien dur pour leur résister. Je me demande si, en me faisant prier un peu plus longtemps, je n'aurais pas obtenu mon fauteuil pour rien. Quoi qu'il en soit, je me laissai faire et j'assistai à quelques scènes de *la Biche au bois*. Je revis donc le monarque gâteux et son majordome imbécile, la charmante princesse et sa fidèle Giroflée, la reine Aika et son ministre, le terrible Mesrour. Je revis aussi les guerrières au casque d'argent étincelantes sous la lumière électrique ; je revis les fées, la tunique fendue sur la hanche gauche, le bras droit étendu, prenant des poses et grasseyant leurs arrêts avec des vibrations mélodramatiques. Ce n'étaient plus les mêmes femmes (les fées de ma jeunesse doivent être concierges ou gardes-malades), mais c'était le même sourire ; c'étaient les mêmes calembours idiots, accompagnés de quelques autres, qui ne l'étaient pas moins ; les mêmes paroles ineptes chantées sur des airs nouveaux. Je me serais endormi si le froid de cette grande salle vide ne m'eût tenu éveillé. Avant dix heures je gagnai mon lit, sans attendre que l'infortunée princesse eût retrouvé la forme humaine.

Quelqu'un s'est dit : « Qui nous empêche de rajeunir la féerie en y jetant de la passion, de la poésie, de l'esprit véritable et de la véritable musique? » Ce quelqu'un était un homme de goût et de talent, M. Albert Carré. Acteur, auteur et directeur de théâtre, il gouverne l'Opéra-Comique depuis la mort de Carvalho après avoir été associé avec M. Porel à la gestion du Gymnase et du Vaudeville. Tout semblait devoir lui donner raison et il avait mis de son côté toutes les chances que sait réunir un habile homme. *La*

Montagne enchantée a été jouée, l'été dernier, à la Porte-Saint-Martin et n'a pas été un succès.

Parmi les genres extralittéraires, j'ai failli écrire antilittéraires, la *Revue* est un de ceux qui se portent le mieux. Elle est née il y a un demi-siècle et, depuis, elle n'a cessé d'être florissante. Elle vit de deux choses qu'on peut toujours se procurer à Paris, d'indécence et d'actualité. Ce n'est pas du théâtre, mais du journalisme en dialogue et en action; seulement c'est du journalisme d'où l'on a soigneusement éliminé tous les éléments neufs ou sérieux. Non seulement toutes les Revues d'une même année se ressemblent, ce qui est fort naturel, mais toutes les revues de toutes les années sont pareilles, ce qui est plus étrange. C'est que chaque année, meurtrière, glorieuse ou nulle, année de comète ou de révolution, de victoire ou de défaite, d'exposition ou de choléra, doit fournir la même quantité de gaîté, le même nombre de calembours, de couplets et de rôles à maillots. Si le faiseur de Revues s'attaque à des questions graves — comme les grèves ouvrières, l'antisémitisme ou l'émancipation des femmes, — c'est pour en tirer des effets comiques que ces questions ne comportent pas. Il y a des années où il ne peut toucher à rien, entouré qu'il est de souvenirs douloureux et de problèmes menaçants. Il se réfugie dans les niaiseries. C'est pour cette raison que les Revues de 1896 et de 1897 m'ont paru dire et chanter la même chose que les Revues auxquelles j'ai assisté quand j'étais un collégien. L'alliance russe au lieu de l'alliance anglaise, l'expansion coloniale au lieu du libre-échange; voilà toute la différence et tout le progrès. Mais on ne critique pas plus une Revue qu'une féerie et, du moment que le public est content, nous n'avons qu'à nous incliner.

Au fond, le mal n'est pas grand. La littérature n'ayant jamais eu rien à voir avec la féerie ni avec la Revue, la décadence de l'une et la médiocrité immuable, l'incurable insignifiance de l'autre n'ont rien qui puissent l'atteindre ou la décourager. Bien autrement triste et intéressante était la banqueroute de deux genres qui ont constitué, au XVIIe et au XIXe siècle, une part notable de notre gloire intellectuelle : la tragédie et le dram poétique. A propos des traditions scéniques qu prévalent aujourd'hui au Théâtre-Français, j'a hasardé cette opinion que les excellents acteur de la maison jouaient Hugo et Racine dans l même style et suivant les mêmes procédés. Pour eux, pour le public, pour les auteurs eux-mêmes qui cultivent ces genres, la ligne de démarcation, la frontière littéraire entre la tragédie et le drame romantique a disparu. Ce sont des pièces en vers, des rôles pour Mounet-Sully : l'ignorance contemporaine n'en sait pas plus, n'en demande pas davantage.

Pourtant la tragédie classique et le drame romantique sont, par essence, absolument irréductibles et réfractaires à la fusion. La tragédie est une chose à part qui a été portée à sa perfection il y a deux siècles et à laquelle il est prudent de ne plus toucher. Elle s'adaptait admirablement aux facultés, aux besoins intellectuels de ces temps-là. Chez nous elle est déplacée et nous y sommes inhabiles. Une tragédie n'est ni une conception poétique ni une imitation de la vie réelle. C'est un théorème moral qui a pour point de départ certaines données psychologiques et qui aboutit à une conclusion rigoureuse. Elle n'est pas prise hors de la vérité, puisque nous ne saurions rien prendre hors de la vérité. Loin de là : elle tire sa matière des sentiments les plus intimes de notre âme, mais elle les considère comme la géométrie considère les points et les lignes, les surfaces et les volumes. En sorte qu'un héros de tragédie nous ressemble comme un cube idéal ressemble aux boîtes en fer-blanc où les épiciers enferment leurs biscuits. Pas plus que la géométrie, la tragédie classique ne pouvait se contenter de l'à peu près. Elle est parfaite ou elle est ridicule. Elle est tenue d'être un double chef-d'œuvre : dans le fond, chef-d'œuvre de logique, et chef-d'œuvre d'éloquence dans la forme.

Le drame poétique, c'est, sur toute chose, l'inspiration en liberté. Les prémisses fussent-elles fausses et la conclusion absente ou déraisonnable, tout est bien qui nous a émus et fascinés. Le drame vit de caprice, de fantaisie, d'illusion et plus il nous trompe, plus nous l'aimons. Il ne nous montre pas, comme la tragédie, la vérité idéale, mais la nature agrandie. Comme la tragédie est le triomphe de la raison, le drame est le triomphe de l'imagination. Même différence dans la forme : le vers tragique est éloquent, le vers dramatique doit être, surtout, un vers de poète.

Si l'on veut bien accepter mes définitions, on

comprendra aisément pourquoi la tragédie et le drame restent aussi distincts dans le creuset du critique que l'huile et l'eau versées dans le même vase. Nous avions il y a quelques années et nous avons encore, je pense, parmi nous un homme qui s'adonnait à la tragédie. Il avait nom Alexandre Parodi et on me l'a montré un jour au café du Théâtre-Français. *Rome sauvée* était une véritable tragédie et, comme telle, eut un véritable succès, mais je ne sache pas que ce succès ait rien fait naître, si ce n'est des parodies de Parodi, et l'auteur lui-même n'a jamais retrouvé la même inspiration. L'été dernier, nous avons vu une *Frédégonde* au Théâtre-Français. C'était l'œuvre de M. Dubout, banquier à Boulogne-sur-Mer. Notez ce fait caractéristique qu'en 1897 pour écrire une tragédie il était indispensable d'être banquier. C'est aussi par un banquier qu'a fini, en Angleterre, l'école de Pope. Quand la tragédie ne fait plus vivre les poètes, il faut que les banquiers fassent vivre la tragédie. Les théâtres qui se prêtent à ces tentatives ne s'en trouvent pas bien : témoin le rapport financier récemment soumis aux sociétaires de la rue Richelieu. Ce rapport constate le triste effet de *Frédégonde* sur les recettes, et une telle constatation a sa valeur critique.

Il y avait pourtant une minute émouvante dans la pièce de M. Dubout. Frédégonde est venue se confesser à l'évêque Prétextat, mais cette confession est un sacrilège et une bravade. Elle lui révèle à la fois ses crimes passés et futurs; elle lui apprend comment elle s'y est prise pour assurer la mort du jeune Mérovée, son beau-fils et son ennemi. Prétextat voudrait empêcher cet assassinat, mais il ne le peut sans violer le secret de la confession. L'homme se réveille sous le prêtre. L'idée lui vient d'assommer la misérable de ses propres mains et dans le lieu saint. Il céderait à la tentation si le chant du *Miserere*, entonné au fond de l'église, ne lui rappelait qu'il est le ministre du Dieu qui a dit : « Tu ne tueras point ».

Cette situation est plutôt violente que réellement forte. Ce n'est pas de la tragédie, c'est du mélodrame. En effet *Frédégonde* n'est qu'un mélodrame à prétentions littéraires, capricieusement découpé dans les mémorables récits d'Augustin Thierry.

La première chose à faire pour ressusciter le

drame, c'est de le séparer de la tragédie. Mais ce n'est pas assez, ou plutôt ce n'est rien, car ce n'est, pour un drame, qu'un mérite purement négatif de ne pas ressembler à une tragédie. Où puiser l'inspiration ? Où dérober la flamme, l'étincelle de vie qui l'animera ? Beaucoup d'écrivains ont pris le patriotisme pour muse ; nous avons eu, en moins de vingt-ans, un *Vercingétorix* et plusieurs *Jeanne d'Arc*. Dans celles-ci c'était aux Prussiens qu'il fallait songer quand on maudissait les Anglais ; dans celui-là on offrait à notre admiration et à notre haine de Moltke et Bismarck réunis et incarnés dans un Jules César de fantaisie. M. Déroulède a fourni pour sa part à cette littérature moitié de souvenirs, moitié d'allusions, un *Bertrand Duguesclin* et une *Mort de Hoche* où il y a une fort belle scène.

D'autres, suivant la pure tradition romantique, se sont adressés au moyen âge avec lequel, depuis Victor Hugo, le drame poétique est en quelque sorte identifié. Le xviie siècle méprisait profondément le moyen âge, l'enfantillage de ses chroniques, la grossièreté de ses fabliaux, la platitude, la pauvreté, l'incommensurable ennui de ses romans. Depuis 1825, nous croyons, ou nous avons l'air de croire que ce sont autant de sources largement ouvertes d'où la poésie coule à grands flots. C'est une des bourdes que nous a légué le Romantisme. Aujourd'hui c'est un de nos mensonges les plus chers, une de nos *idola fori*, comme aurait dit Bacon. D'ailleurs, on peut choisir : il y a le moyen âge historique ou semi-historique, le moyen âge mystique et fabuleux, celui de la Table Ronde et du Saint-Graal. M. de Bornier a trouvé dans le premier sa *Fille de Roland*, M. Armand Silvestre a plongé dans le second et en a rapporté *Tristan de Léonnois*.

D'autres ont appelé à leur aide le sentiment religieux. Dans le nombre trois poètes très distingués, M. Grandmougin, M. Haraucourt et M. Edmond Rostand. M. Haraucourt est un de nos premiers lyriques. Il a sa place marquée à l'Académie près de Sully-Prudhomme et de José-Maria de Heredia. Nul n'a la pensée plus haute, l'essor plus large, le vers plus noble, plus pur, plus musical. Sa prose est fort belle aussi et je me souviens de certaine préface qui était d'un écrivain et d'un philosophe. Il a composé un Mystère de la *Passion* qui a été joué pendant la semaine sainte; M. Rostand a donné, à la

Renaissance, *la Samaritaine*, « évangile en trois tableaux », dont l'orthodoxie a pleinement satisfait M. Catulle Mendès. Au lieu de toutes les qualités dont ces messieurs sont si riches et qui, en pareille entreprise, sont presque des défauts, on serait tenté de leur souhaiter la seule dont aient eu besoin les humbles et naïfs auteurs des vrais mystères : la faculté de croire et d'adorer.

D'autres encore ont invoqué Shakespeare. C'est le dieu de M. Catulle Mendès et de M. Émile Bergerat, tous deux hommes d'esprit (M. Bergerat est le *Caliban* du *Figaro*), tous deux poètes, tous deux gendres de Théophile Gautier. Ils sont donc shakespeariens par alliance, sinon de naissance. Car, dans le Romantisme, le culte de Shakespeare est un dogme et c'est encore un de ceux qui ont surnagé après la disparition finale de l'École. Victor Hugo y a laissé tomber quelque part cette phrase stupéfiante : « J'admire tout dans Shakespeare; je l'admire comme une brute ».

Est-ce la bonne manière? Je n'oserais me prononcer là-dessus. De quelque façon qu'on s'y prenne, il est fort bon d'admirer Shakespeare. L'imiter, c'est autre chose. Si les compatriotes de l'auteur d'*Hamlet* n'y réussissent guère, il est peu probable que des étrangers, surtout des néolatins, lui déroberont tous ses secrets. Bien des aspects de Shakespeare — les plus grands peut-être! — nous échappent et nous échapperont toujours. Pour nos écrivains de théâtre, imiter Shakespeare, c'est faire une pièce dont l'intrigue est multiple, dont la marche est irrégulière et fantasque, et où tous les personnages parlent comme des poètes.

Il est une fiction littéraire à laquelle nous tenons beaucoup parce qu'elle nous sert à flatter la démocratie, devant laquelle rampent aujourd'hui tous ceux qui cherchent la popularité — apprentis-ministres ou académiciens en espérance, — comme ils auraient rampé il y a deux siècles devant le grand roi. C'est cette plaisante idée que la poésie se trouve au fond de l'âme du peuple. Il n'y a rien de plus faux et nous le savons tous parfaitement. Ceux qui ont pénétré jusqu'au fond de cette fameuse âme du peuple n'ont trouvé que des jalousies, des rancunes et des appétits. L'ouvrier hait son maître et son métier; le paysan aime mieux sa terre que ses enfants; il n'a jamais regardé la nature au milieu de laquelle il vit. Les gueux ne sont pas des philosophes ni des poètes : pour un Burns et un Hégésippe Moreau, essayez de compter combien de paresseux, de lâches et d'envieux dont le cerveau n'a jamais été traversé d'une pensée noble et pure. Nous savons tout cela, mais nous ne voulons pas l'avouer. Le travailleur des villes ne nous permet guère d'illusions à son égard : il nous étale, avec tant de cynisme et d'orgueil, sa misère morale! Mais le paysan conserve encore quelque prestige. Il est loin et il parle peu. On prête de la pensée au silencieux; les ruminants ont l'air de rêver. Figure muette au milieu d'un cadre splendide, le paysan se revêt, sans le savoir, de toute cette grande poésie en action qui l'enveloppe, l'éclaire et le baigne. Voilà pourquoi nous lisons encore *la Mare au Diable, la Petite Fadette, François le Champi*, ces livres absolument chimériques et décevants. Au paradoxe virgilien sur l'homme des champs, habilement rajeuni par des procédés que j'expliquerai tout à l'heure, ajoutez un autre paradoxe un peu plus moderne, puisque le bohème La Fontaine l'empruntait au bohème Villon. A les en croire, la cigale qui danse et qui chante a le cœur bien meilleur que la fourmi qui épargne et travaille; la vraie bonté, la vraie pitié ne se trouvera pas chez l'homme de labeur qui sue et peine tout le jour dans un atelier, dans une boutique, dans un bureau, mais chez le vagabond qui contemple au lieu d'agir, s'emplit les prunelles de ciel bleu et livre indolemment sa peau aux morsures de la bise comme aux caresses du vent d'été. Il n'a rien, donc il est prêt à tout partager; étrange logique dont l'ironie semble échapper à certaines intelligences. La vertu des primitifs et la charité des vagabonds, sur ces deux fascinantes chimères, M. Jean Richepin a bâti tout son théâtre et notamment son *Chemineau*.

Enfin est venu un jeune poète, cet Edmond Rostand que j'ai déjà nommé tout à l'heure. Celui-là n'a rien demandé à personne. Il s'est dit qu'un drame où il jetterait sa passion, son esprit, sa jeunesse, toute cette poésie dont il était plein à déborder serait un beau drame, un drame éblouissant comme un feu d'artifice. Et il a écrit *Cyrano de Bergerac*.

Ainsi nous avons eu des drames qui nous arrivaient de tous les coins de l'horizon littéraire et qui procédaient des sources les plus diverses. Gardez-vous de les juger *a priori* d'après les idées plus ou moins justes, plus ou moins fécondes, qui leur ont servi de point de départ et dont je viens de dresser le catalogue sommaire. N'essayez pas de deviner lequel a réussi et lequel a échoué : vous risqueriez de vous tromper.

Parmi ces drames, beaucoup ont été froidement accueillis et promptement oubliés ; quelques-uns ont obtenu un demi-succès ; d'autres ont été reçus avec des transports d'enthousiasme. Pourquoi? Question de talent, voilà tout, non pas question de méthode ou d'école. *Spiritus flat ubi vult.* Telle pièce bâtie sur une idée vague et fausse, telle œuvre d'art dont les défauts sont criants a produit et produit encore un immense effet, simplement parce que l'auteur avait su y mettre, à certains moments, cette sorte de poésie qui est propre à émouvoir plusieurs centaines de personnes réunies ensemble, à leur donner comme fait la musique des maîtres, chantée par de grands artistes, la sensation passagère de l'exquis ou du sublime. C'est là ce qui a mis hors de pair le *Chemineau* de Richepin et le *Cyrano* de Rostand.

Le soleil africain a touché M. Jean Richepin dans son berceau. Puis les hasards de la vie le transportèrent dans une de ces cités flamandes, endormies à l'ombre de leur beffroi que Pater, en Angleterre, et chez nous, George Rodenbach ont si admirablement décrites. Il commença par suivre les chemins battus et fut un bon élève du lycée de Douai où l'on conserve encore de lui des pages plus estimables qu'admirables. Il est entré ensuite à l'École Normale : le lieu du monde le moins favorable à la culture des poètes qui sont, d'ailleurs, plantes de plein air et de croissance spontanée. Après l'École, M. Richepin prit à travers champs pour arriver plus vite à la gloire, il eut une légende avant d'avoir une réputation. Les brasseries du quartier latin l'ont vu dans un étrange costume : veston de velours, ceinture de soie rouge, culottes collantes, bottes et feutre mou. Écuyer, gymnaste, athlète amateur, on dit qu'il accompagna un cirque forain dans ses tournées en province, et qu'il attirait la foule dans certains « numéros » exceptionnels. Tout jeune il se créa une famille sans renoncer à ses allures vagabonds. Il écrivit pour Sarah Bernhardt un drame de *Nana Sahib*; il le joua à la Porte-Saint-Martin et, sous la tunique brodée du prince hindou, mourut tous les soirs au haut de son bûcher dans les bras de l'illustre tragédienne. Un beau matin, il rentra chez lui, embrassa sa femme et ses enfants et, pendant un an ou deux, eut l'air de vouloir se faire oublier. Mais cette retraite mit, au contraire, le sceau à sa légende. Il y a des gens heureux. Plus ils se taisent, plus on parle d'eux. S'ils entraient à la Trappe, ce serait pour eux une réclame sans égale.

Mais il ne suffit pas d'attrouper les badauds autour de soi par des excentricités plus ou moins voulues. Si l'on n'a rien à leur montrer ils se retirent mécontents et ne reviennent plus. Heureusement ce n'était pas le cas de M. Richepin. Il se serait habillé comme vous et moi, il se serait couché à dix heures, levé à six, aurait pris son déjeuner et son dîner à des heures régulières : il n'en eût pas moins été un grand poète, le poète des *Gueux* et de *la Mer*. Plus grand peut-être qu'il n'a été, car il eût gardé pour ses vers toute sa flamme, toute sa passion, toute son électricité intellectuelle.

Il a écrit des romans que je demande la permission de ne pas admirer. Ils me déconcertent par un mélange déplorable du réalisme le plus effréné avec un idéalisme presque fou. C'est du symbolisme sauce Zola. Quant aux drames de

M. Richepin, ils n'avaient guère été jusqu'à présent que des ébauches de mélodrames, avec, çà et là, des étincelles de poésie. Tout d'un coup, voici que, par le *Chemineau*, M. Richepin a réconcilié, dans une même admiration, les amis et les ennemis de son talent. J'ai subi, comme tout le monde, le charme extraordinaire de cette pièce et j'essaie de m'expliquer ce qui m'a charmé.

La moisson s'achève chez maître Pierre. Tout a marché à merveille, grâce à un diable d'homme dont la gaîté et les chansons soufflaient la belle humeur et le courage autour de lui. D'où vient-il? De partout et de nulle part. Comment se nomme-t-il? Pas de nom. On l'appelle le Chemineau.

> Oui, chemineau, pas plus! Un passant, un bonhomme
> Qui mène tout, la joie et la peine, en chantant.

La peine des autres aussi. Toinette, la petite servante de maître Pierre, n'a pu s'empêcher de lui donner son cœur. Lorsque le séduisant vagabond, la moisson finie, s'éloigne, avec son éternelle chanson aux lèvres, la pauvre fille demeure avec son chagrin, auquel s'ajouterait bientôt la honte si François, le premier valet, un brave homme, déjà grisonnant, ne s'offrait pour servir de protecteur à la délaissée et de père à l'enfant du Chemineau.

Donc la vie a eu des douceurs inespérées pour Toinette. Son fils a grandi, est devenu un bon travailleur. Il cultive leur terre à la place de François que la paralysie cloue dans son fauteuil. Tout irait bien si le fils à Toinette et la fille à maître Pierre ne s'avisaient de s'aimer. Maître Pierre est riche, orgueilleux, avare. Non seulement il ne consentira pas à ce mariage, mais il a juré la ruine de François et de sa famille. Toinet, désespéré, court les cabarets. Le malheur est entré dans la maison, si longtemps paisible et prospère. C'est à ce moment que reparaît le Chemineau, ramené par le hasard dans ce lieu qu'il ne reconnaît pas. A la vue des souffrances, dont il a été la première cause, se réveillent en lui, l'une après l'autre, d'abord la mémoire, puis la tendresse, puis la conscience, et enfin la volonté de faire le bien. Par quels moyens viendra-t-il à bout de maître Pierre? Moitié en lui rendant service, moitié en l'intimidant, car il joue le sorcier en perfection, notre Chemineau. Tant et si bien que voilà les amoureux mariés, Toinette rassurée et le vieux François qui meurt en paix. Bonne occasion pour le Chemineau de devenir un bon paysan comme les autres, un heureux parmi des heureux. Allons donc ! Et la grande route qui le réclame, le fascine, l'hypnotise !... Certain soir de Noël, pendant que les femmes sont à la messe de minuit, que l'oie grasse du réveillon rôtit devant le foyer et que les « Lugnots », au dehors, modulent leur cantilène, le vagabond s'élance à travers la nuit.

... Va, Chemineau, chemine !

Il remplira jusqu'au bout son destin et ne s'arrêtera que pour mourir.

Telle est la pièce. C'est un de ces sujets qu'on accepte sans résistance, mais non de ceux qu'on salue comme une trouvaille. Le secret du succès est donc ailleurs.

Aurais-je, par hasard, été dupe du jeu des artistes ? Certes, la troupe de l'Odéon, dans ces dernières années, ne s'est jamais montrée plus à son avantage que dans le *Chemineau*. Mais il n'y avait là, cependant, aucun de ces talents souverains et dominateurs qui suspendent pour un moment, chez le spectateur, l'action du sens critique. Comment ai-je été amené à subir et presque à goûter des fictions qui, d'ordinaire, me déplaisent, et, parfois, m'irritent, cette bonté des primitifs, cette poésie innée, cette âme simple, profonde et tendre du peuple, à laquelle je ne crois point, à laquelle personne ne croit? Comment ai-je pu seulement écouter des paysans qui parlent en vers, et être ému, et applaudir? Je cherche et quand j'ai trouvé la réponse, je suis encore plus étonné qu'auparavant. M. Richepin s'est emparé de moi, il a réduit à néant mes objections en employant le même procédé qui m'exaspérait dans ses romans, par le mélange de l'idéalisme et du réalisme. Cette découverte est propre à donner de la modestie aux critiques et à les guérir de la confiance exagérée qu'ils seraient tentés d'accorder à leurs formules préconçues. En littérature, mais surtout en matière de drame poétique, tout est bien ou tout est mal suivant les cas et suivant les heures. Un vieux vaudevilliste avec lequel j'essayais, il y a bien des années, de mettre sur ses pieds un scénario et à qui je montrais les absurdités par où il nous faudrait passer, me répondait avec une grimace comique : « On a du talent ou on n'en a pas ». D'ordinaire, c'est la seconde alternative qui se réalise : on n'a pas de talent. M. Richepin en a, et beaucoup.

D'abord il y a ce vers : une merveille d'élasticité et de flexibilité. Il se brise, si l'on veut, en autant de morceaux qu'il a de syllabes pour traduire le laconisme brutal et grognon du paysan. Il reçoit les mots les plus humbles, mais, je ne sais comment cela se fait, au lieu d'être vulgarisé par eux, il les anoblit. Il a toutes les libertés de la prose, mais il garde, en même temps, toute la dignité et toute la grâce du vers. C'est dans ce vers étonnant que communient les deux formes de l'art et que Hugo embrasse Zola.

Ce vers est amphibie. Tout à l'heure il pataugeait dans la boue, et picorait les immondices de la basse-cour. Maintenant, d'un coup d'aile, il est en plein ciel, il vole, il plane, il reprend toute son ampleur et son harmonie. Comment justifier ces alternatives? De la façon la plus simple. La poésie est une effervescence soudaine de l'âme sous l'influence d'un grand sentiment, d'une forte émotion. Parmi les personnages du *Chemineau*, la plupart n'auront que des pensées bestiales et grossières. Mais la droiture et le dévouement de François, l'amour que Toinette éprouve au premier acte pour son amant et, dans les actes suivants, pour son fils, mettront sur leurs lèvres un langage qui, sans efforts, monte et s'élève avec leur sentiment. Quant au Chemineau lui-même, avant que je sache rien de lui, avant qu'il ait paru en scène, avant même que le rideau soit levé, je l'ai entendu chanter et je devine à qui j'ai affaire. Cette voix vibrante, hardie et chaude, qui remplit l'espace, c'est tout un caractère, toute une psychologie et je la comprends sans difficulté, précisément parce qu'on ne me l'explique pas. L'auteur ne discute point avec moi, n'essaie pas de me persuader que tous les coureurs de grande route sont ainsi. Il sait qu'en regard du Chemineau qui chante il y a le Chemineau qui assassine, et entre les deux beaucoup de vulgaires pauvres diables qui ne valent pas la peine d'être décrits. Le sien est une exception. Il fait le mal par sensualisme, le bien par pitié (et la pitié est aussi une forme de la sensualité). Il incarne la paresse, non celle qui sommeille à la même place, mais la paresse inquiète et voyageuse, qu'accompagne une éternelle soif de mouvement et d'inconnu. Sa destinée est d'être une fantaisie vivante qui marche à côté de la réalité, à côté du devoir.

RENAISSANCE DU VERS DRAMATIQUE

Serons-nous surpris qu'un tel homme parle en poète? Mais il est la poésie même! Et souvenez-vous, je vous prie, quelle que soit d'ailleurs votre théorie favorite sur l'origine de l'*Iliade* et de l'*Odyssée*, que les poèmes homériques ont été l'œuvre d'un ou de plusieurs chemineaux. Chemineaux aussi, les trouvères et les troubadours. Chemineaux encore, à leur manière, Villon, Cervantès, Burns, Richepin lui-même, que tourmente, peut-être, en son âge mûr assagi et apaisé, la nostalgie des grandes routes [1].

L'année 1897 ne s'est point achevée sans nous apporter encore, dans ses derniers jours, une œuvre aussi belle, plus belle peut-être, et à laquelle on a fait une réception encore plus enthousiaste, soit parce que l'auteur, à cause de sa jeunesse, éveille des espérances encore plus vives, soit parce que les signes du génie y

---

1. En expliquant le succès du *Chemineau*, n'ai-je pas expliqué, jusqu'à un certain point, l'échec de *la Martyre*, donnée ce printemps au Théâtre-Français. Cette pièce a rappelé *Polyeucte* par le sujet et *Frédégonde* par les recettes. Dans le *Chemineau*, M. Richepin mettait en scène des sentiments qu'il a éprouvés; dans *la Martyre* il faisait parler des croyances qu'il n'a pas et dont il s'est brutalement moqué, mais devant lesquelles il est de bon goût de s'incliner quand on est sur le seuil de l'Académie. Malheureusement, en littérature, rien de ce qui est artificiel n'a la vie longue, et les néo-chrétiens s'en apercevront.

éclatent d'une façon encore plus libre et plus spontanée que dans *le Chemineau*. Il s'agit de *Cyrano de Bergerac*, le drame donné à la Porte-Saint-Martin par M. Edmond Rostand.

M. Rostand n'a que vingt-neuf ans. Il est le fils d'un journaliste très distingué de Marseille, Eugène Rostand, qui eût pu faire un brillant chemin dans la presse parisienne, mais qui a préféré vivre dans sa ville natale, où il s'est consacré à l'étude des questions économiques et ouvrières, à tout ce qui touche la vie locale et l'organisation intérieure d'une grande cité. Entre temps, il s'amusait à traduire et à éditer Catulle, le très grand poète que nous avons le tort d'ignorer et qui a droit à une place d'honneur entre Lucrèce et Virgile. Catulle a été comme le parrain intellectuel d'Edmond Rostand et je retrouve quelques-uns de ses dons chez son brillant filleul.

Une notoriété de bon aloi était venue lentement chercher le père à Marseille : le fils sauta, à pieds joints, de son obscurité provinciale dans ce que la gloire littéraire a de plus parisien. Il avait vingt ans lorsqu'il lança son premier volume de vers, *les Musardises*. A la fois précieux et négligé, impertinent et câlin, le livre exprimait, surtout, la joie de vivre et d'aimer : il apportait avec lui un souffle du Midi qui fondait les glaces du pessimisme. J'étais alors critique à la *Revue Bleue*; les éditeurs ne m'avaient jamais envoyé rien de si jeune, de si frais, de si vivant. J'osai imprimer que c'était le plus brillant début poétique auquel le public eût assisté depuis le jour lointain où Alfred de Musset publia les *Contes d'Espagne*. On se moqua de moi alors : aujourd'hui l'éloge paraît à peine suffisant. Depuis, M. Rostand a fait jouer, au Théâtre-Français, une charmante comédie, *les Romanesques*, et, à la Renaissance, *la Samaritaine*, dont j'ai dit un mot. Enfin, le 28 décembre 1897 (ceci est une date littéraire), la Porte-Saint-Martin a donné pour la première fois *Cyrano de Bergerac*, où Paris a revu avec plaisir la grâce spirituelle de Mlle Legault, où notre grand Coquelin a trouvé l'emploi de toutes ses facultés artistiques, diction magnifique et sans défauts, fougue, malice, tendresse vibrante ou contenue, ironie éblouissante ou sentiment profond.

Je me rappellerai toujours que j'ai vu jouer la pièce le dimanche 8 mai à la représentation de l'après-midi. Allons, souriez de pitié, haussez les épaules, habitués des premières, Parisiens du tout Paris. Un dimanche d'été, un jour d'élections : tout le monde devait être au scrutin ou à la campagne. Et, pour comble, c'était la cent cinquantième! J'aurais voulu que vous vissiez cette salle, qui semblait stupide, endormie, indifférente, mais que le grand poète et le grand artiste magnétisèrent peu à peu et qui en vint à tressaillir de tous ses nerfs, à applaudir de toutes ses mains. J'étais assis entre une jeune fille qui frémissait aux paroles d'amour, aux cris héroïques, et un monsieur qui éclatait de rire aux mots spirituels. La dame placée derrière moi dit à son mari après le premier acte : « Voilà une des plus jolies choses que j'aie vues! » Après le second : « C'est la plus jolie chose que j'ai vue! » Je l'attendais au troisième. Là elle dit, après s'être recueillie une minute : « Je ne verrai jamais rien d'aussi joli! » N'était-ce pas charmant d'entendre l'enthousiasme littéraire parler comme parle l'amour et engager l'avenir avec le présent? Du reste, après cet admirable troisième acte, on eût cru que tout le monde allait s'embrasser.

C'était déjà quelque chose d'avoir exhumé ce

Cyrano de Bergerac, qui fut spirituel et fou, admirable et grotesque, une caricature et un héros, la tragi-comédie qui parle et qui marche. Il avait en lui du Pierre Corneille et de l'Alexandre Dumas. S'il avait mis son génie dans ses œuvres, nous l'aurions tout entier, mais il l'a vécu au lieu de l'écrire, il l'a dépensé, au jour le jour, en folles équipées, en sublimes boutades, en jets irréfléchis; il l'a gaspillé en improvisations dont rien ne demeure, pas plus que d'une fusée qui a été tirée il y a deux cents ans. Et grâce à Edmond Rostand, grâce à Coquelin, il est ressuscité, il recommence à secouer la folie, à lancer la flamme autour de lui. *Ecce Cyrano redivivus.*

Oui, c'est quelque chose que cette évocation, mais où est le drame? Il va sortir précisément de l'étrange contraste que présente la double nature de Cyrano. D'un côté ce cœur tendre et vaillant, cette langue merveilleusement agile à l'escrime du bel esprit, cette main si adroite au terrible jeu de l'épée ; d'un autre côté cette face risible, ce nez, dont les enfants se moquent : Don Juan emprisonné dans la peau de Quasimodo. Comment ne pas l'aimer quand on l'écoute? Comment l'aimer quand on le regarde?

Hé bien! on aimera son esprit avec le visage d'un autre. Il écrira les lettres d'un jeune et séduisant rival auquel il prêtera toute la magie de son imagination, toute la fièvre de sa passion ; il le soufflera, il parlera pour lui dans un rendez-vous nocturne, invisible, à l'ombre du balcon de Roxane, et lorsque, après avoir escaladé ce balcon, l'heureux amant tient sa maîtresse dans ses bras, le bruit de leur premier baiser sera à la fois sa torture et sa récompense. Puis les années passent, le bel amoureux est mort à la guerre. Roxane, veuve sans avoir été femme, s'est réfugiée dans un couvent où sa seule joie est de parler du cher disparu avec Cyrano. Pauvre Cyrano! Ce n'est plus que l'ombre de lui-même et la main de la mort est déjà sur lui. Son brillant esprit se voile. Sa fierté et sa bonne humeur n'apparaissent plus que par soubresauts. Il ne faut pas de bien grands efforts à Roxane pour arracher au mourant le secret de sa supercherie. Pendant quelques minutes il aura été aimé. Ou, plutôt, c'est lui qu'on a toujours aimé, sous la forme visible du beau Christian.

Est-ce vraiment un sujet de drame? N'est-ce pas plutôt un rêve, une subtile et impalpable fantaisie? N'est-ce pas ce « je ne sais quoi de divin, de léger et d'ailé », qui est, suivant Platon, la poésie elle-même? Ne fallait-il pas une audace admirable pour songer à bâtir cinq actes là-dessus et, pour y réussir, un bonheur insolent en même temps qu'une adresse surnaturelle? Quoi qu'il en soit, la gageure a été tenue et gagnée par M. Rostand. Son drame n'a rien de nébuleux; il déborde d'une vie si extraordinaire qu'elle suffirait à animer dix drames. Ce cœur humain qui semblait n'avoir plus pour nous de secrets ni de surprises, « depuis plus de sept mille ans, qu'il y a des hommes et qui pensent », nous semble tout rajeuni. Il parle une langue à la fois vieille et nouvelle, que nous aimons et pour ce qu'elle nous révèle et pour ce qu'elle nous restitue. C'est un torrent d'images créées à la minute, c'est une poésie toute fraîche et toute neuve qui nous enveloppe, nous submerge, pendant que la gaîté d'autrefois s'épanouit en mots éblouissants et nous couvre d'étincelles. Le cauchemar symboliste recule, le brouillard du Nord est troué, mis en déroute par cette glorieuse flambée de soleil provençal qui rend la France à elle-même, à son génie. On me dit que les soi-disant « délicats » qui avaient d'abord applaudi, sont aujourd'hui un peu vexés de se voir en si nombreuse compagnie. Je les reconnais là : ces pauvres gens n'en font jamais d'autres. Ils ne couvent que les faux succès et, quand par hasard ils ont bien jugé, ils se repentent aussitôt. Au fond, leur opinion ne compte pas.

Deux chefs-d'œuvre en quelques mois, après tant d'années stériles : il y a de quoi faire concevoir bien des espérances. Un fait est désormais acquis : nous avons des poètes dramatiques, nous avons un public pour la poésie dramatique.

Aussi bien, d'autres symptômes rassurants apparaissent sur différents points du monde théâtral. Le mouvement auquel nous assistons est, à la fois, un mouvement de restauration et de conquête; il rayonne dans tous les sens, du présent vers l'avenir et vers le passé, de l'intérieur vers l'étranger. Jamais on n'a joué plus pieusement les classiques. Non seulement, dans les deux grandes maisons qui leur appartiennent, on n'oublie jamais de fêter le jour de naissance de Corneille, de Racine et de Molière, comme on fait pour les vieux parents tendrement aimés, mais les théâtres populaires ont maintenant leurs matinées classiques où les « nouvelles couches » se familiarisent avec nos chefs-d'œuvre. Chaque semaine voit exhumer une comédie ou un drame oublié, qu'accompagne une conférence explicative.

En même temps le vieux préjugé contre le théâtre étranger, battu en brèche de toutes parts, commence à céder. Même quand les choix sont malheureux, le public montre, à défaut d'enthousiasme, de la patience, de la résignation, du respect. On n'a pas ri autant que je le craignais au *Richelieu* de Lytton; on n'a pas bâillé autant qu'on en avait le droit à *la Ville Morte*, de Gabriele d'Annunzio. Le théâtre de l'Œuvre a donné, cette année, *Jean Gabriel Borckmann* et *Rosmersholm*, d'Ibsen, et le *Revizor*, de Gogol, dans la forme française que cette pièce a reçue de Mérimée. Le théâtre international nous promet, s'il parvient à naître, les œuvres les plus originales qu'aient produites jusqu'en ces derniers temps, le théâtre espagnol, le théâtre italien et le théâtre anglais.

Ce n'est plus seulement le Théâtre *à côté* — comme on appelait autrefois le Théâtre-Libre et les autres entreprises du même genre créées à son imitation — qui s'agite aujourd'hui et donne des promesses. L'esprit d'initiative et de progrès a pénétré sur ces vieilles scènes où rien n'avait bougé depuis vingt ans et où la routine régnait sans partage. Hier encore, c'était le théâtre de la Belle au bois dormant, mais voici que les armures des chevaliers font entendre un cliquetis de bon augure ; les petits pages, réveillés, se détirent ; la belle princesse a tressailli dans son sommeil plus léger que traversent de jolis rêves, et elle tend les lèvres au baiser libérateur.

Le Théâtre Antoine a donné un exemple qui sera peut-être suivi en démocratisant le prix des places. Le Gymnase et le Vaudeville, sans renoncer aux longues séries de représentations, les interrompent périodiquement par des spectacles variés et coupés et par des « soirées d'abonnement » qui visent à constituer — ou à reconstituer —, dans ces théâtres, un répertoire et un public spécial, comme à la Comédie-Française et à l'Odéon. Tendance excellente, puisqu'elle aide, régularise et généralise le procédé de la sélection en matière théâtrale.

Mais le fait capital est celui que je me suis efforcé de mettre en évidence dans ce dernier chapitre : la résurrection du vers au théâtre. Et ce n'est pas seulement le vers dramatique qui refleurit sur plusieurs scènes à la fois : le vers lyrique y entre avec lui et prend, pour sa part, une soirée par semaine à l'Odéon. A la Bodinière, il est comme chez lui et, si dans les amusements de la « Butte », beaucoup d'éléments impurs se mêlent à la poésie, il faut pourtant reconnaître qu'elle y tient le premier rang et qu'on ne peut plus s'y passer d'elle.

Quelques écrivains se plaisent à constater le déclin de l'intelligence française et à annoncer la fin de la France pour un de ces jours. Même si c'était vrai, il ne faudrait pas le dire assez haut pour être entendu des étrangers. Mais est-ce vrai? Moi, je ne le crois pas. Je ne vois pas ces signes qu'on décrit avec une funèbre complaisance; ou, si je les vois, je ne leur attribue pas la gravité qu'on leur donne; ou, même s'ils sont graves, ils me paraissent contre-balancés par l'apparition de symptômes tout opposés. Non, non, messieurs, la France n'a pas l'âme si malade que vous dites. Elle est moins sceptique, plus imaginative que dans ma jeunesse; elle retrouve la faculté de l'émotion. Elle recommence à rêver en attendant qu'elle recommence à croire.

Dans la sphère du théâtre, j'ai montré des écoles qui se dissolvent, des systèmes qui s'usent, des principes qui ont perdu leur vertu, de vieilles vérités qui sont tout près de devenir des mensonges. Mais j'ai montré aussi des talents qui surgissent, des forces nouvelles qui s'affirment, des combinaisons d'idées qui s'annoncent riches et fécondes. C'est à l'automne de 1895 que Dumas fils nous a quittés : depuis cette date, que d'émotions et de découvertes! D'une part, c'est une longue et brillante série d'expériences dans le domaine de la comédie, tentées avec succès par de jeunes maîtres dont personne ne savait le nom il y a dix ans; c'est, d'autre part, le réveil inattendu du drame, ressuscité par de grands poètes et, sous toutes ses formes, plus populaire qu'il n'a jamais été. Vraiment, il y a là plus que des consolations et plus que des promesses. Quelque chose va mourir, quelque chose est né et rien ne prouve que ce qui commence ne doive pas égaler, ou même surpasser, ce qui finit.

TABLE DES MATIÈRES

Préface v

I. — L'âge de Dumas et d'Augier 1

II. — Édouard Pailleron. — Henry Becque. — Le naturalisme au Théâtre et la Comédie - Rosse 37

III. — Le Théâtre-Libre 75

IV. — Autour des théâtres. — Les artistes, le public, la critique 121

V. — La Comédie nouvelle. — Jules Lemaitre, Brieux, Henri Lavedan 167

VI. — La Comédie nouvelle (suite). — Paul Hervieu, Maurice Donnay 217

VII. — L'Évolution des vieux genres. — Renaissance du vers dramatique : Jean Richepin et Edmond Rostand. 259

Coulommiers. — Imp. Paul BRODARD. — 633-98.

Armand COLIN et Cie, Éditeurs, 5, rue de Mézières, Paris

Drame ancien, drame moderne, par M. Émile Faguet. Un volume in-18 jésus, br. 3 50

Le Théâtre en France, par M. L. Petit de Julleville. Un volume in-18 jésus, broché... 3 50

Histoire et Poésie, par M. le vicomte E. Melchior de Voguë, de l'Académie française. Un volume in-18 jésus, broché.................. 3 50

Etudes de Littérature européenne, par M. Joseph Texte. Un volume in-18 jésus, br. 4 »

Lamartine, poète lyrique, par M. Ernest Zyromski. Un volume in-18 jésus, broché.... 3 50

Notes d'Art et de Littérature, par M. Joseph Capperon, avec une notice biographique, par M. Max Leclerc. Un volume in-18 jésus, br. 4 »

La Vie et les Livres, par M. Gaston Deschamps (*Quatre séries parues*). Chaque série, un volume in-18 jésus, broché................ 3 50

Pointes sèches, par M. Adolphe Brisson. Un volume in-18 jésus.................. 3 50

www.ingramcontent.com/pod-product-compliance
Lightning Source LLC
Chambersburg PA
CBHW071238160426
43196CB00009B/1105